古関裕而《こせきゆうじ》　応援《エール》歌の神様

激動の昭和を音楽で勇気づけた男

長尾　剛

PHP文庫

○本表紙図柄＝ロゼッタ・ストーン（大英博物館蔵）
○本表紙デザイン＋紋章＝上田晃郷

古関裕而《こせきゆうじ》 応援歌《エール》の神様

目次

序章　野球場に響き続ける心の歌たち

昭和、平成、令和へと――球場に響き続ける応援歌《エール》

巨人対阪神戦。

日本プロ野球・屈指の伝統カードとして、多くの人々を魅了し続け、数多《あまた》の名選手たちがグラウンドを駆《か》ける姿は今も昔も変わらず、野球ファンの目を釘付けにしている。

球場では、レフト側、ライト側の双方から、力強い応援歌が奏《かな》でられる。

巨人ファンが熱く歌う『巨人軍の歌――闘魂こめて』。

闘魂こめて　大空へ
球は飛ぶ飛ぶ　炎《ほのお》と燃えて

阪神ファンが、天にも届けとばかりに声を張り上げる通称『六甲《ろっこう》おろし』。

六甲颪《おろし》に　颯爽《さっそう》と

蒼天翔《そうてんか》ける　日輪《にちりん》の

私たちは、勇壮なこれら応援歌に、心を震《ふる》えさす。

ところで、この二曲それぞれの作曲者を、ご存じだろうか。

別人ではないのだ。

同一人物なのだ。

その名は古関裕而《こせきゆうじ》。

あの激動の「昭和」の時代を通じ、人々の胸を高鳴らせ、あるいは心慰めた数々の名曲を世に送り出し続けた男である。

そして「平成」の時代が始まった年、静かにこの世を去っていった、まさしく「昭和の日本音楽」を支えた天才作曲家であった。

彼、古関裕而は、作曲家として正真正銘《しょうしんしょうめい》の天才だった。

そして、妻を愛し、子を愛し、それと同じように日本中の人々を愛した〝すばらしい大衆〟の一人だった。

生年月日は、明治四十二年（一九〇九）八月十一日。

没年月日は、平成元年（一九八九）八月十八日。

夏に生まれ、夏に死んだ。

最晩年、病床の中で、毎年、夏に聴くのを楽しみにしていた曲を耳にしてから、静かにこの世を去った。

現代日本の夏の一大イベント、「全国高等学校野球選手権大会」。

その大会に必ず奏でられ、日本中の人々に夏の〝暑さ〟以上に胸を〝熱く〟させる名行進曲。大会の歌『栄冠は君に輝く』。

雲はわき　光あふれて
天たかく
純白のたま　きょうぞ飛ぶ
……
ああ　栄冠は　君に輝く

この曲もまた、古関の作曲なのだ。

妻の金子《きんこ》とともに

古関が故郷の福島から上京し、プロの作曲家の道を歩み始めたのは、昭和五年（一九三〇）、二十一歳の年であった。

そのかたわらには、すでに妻の金子がいた。金子は古関より三つ年下だ。そして、金子もまた、優《すぐ》れた音楽人だった。

二人は、互いに愛し合い、尊敬し合い、支え合う夫婦だった。その仲睦《なかむつ》まじさは生涯を通じて変わることなく、音楽業界でも「おしどり夫婦」として評判だった。

物語はまず、古関の幼少年時代から、金子との出会いまでを、つむいでいくとしよう。

第一章　福島の自然と母と音楽と

幼少期の音楽体験

古関《こせき》の生まれ故郷は、山々に囲まれ自然豊かな福島である。

生家は、福島市に店を構えていた「喜多三《きたさん》」という名の老舗《しにせ》呉服屋だった。まだまだ算盤《そろばん》と台帳《だいちょう》で商いの計算をするのが当たり前だった明治四十年代の当時に、ナショナル製の「金銭登録機」を導入していたというのだから、かなりの豪商だったようだ。番頭《ばんとう》から丁稚《でっち》まで、十人以上の使用人を抱えていた。

経済的には十分すぎるほど安定していた商家ではあったが、長いあいだ心配のタネがあった。主人夫婦が子宝に恵まれず、跡継ぎが決められなかったことだ。

いよいよ、

「養子でも、取るしかあるまい」

とまで考えあぐねていたところに生まれたのが、勇治（のちに裕而に改名）だった。

もちろん夫婦の喜びはたいへんなもので、古関は両親からとても大切に育てられた。

古関の幼少期は、じつに幸福なものだった。

ずっと後年の昭和五十五年（一九八〇）、七十一歳の年に古関自身が発表した自伝『鐘よ鳴り響け』（主婦の友社）の冒頭で、古関は次のようにつづっている。

すべすべした母の背が、じかに胸や腹のあたりにぬくもりを伝えてくる。首すじのほつれ毛が鼻のてっぺんをくすぐる。とてもいい香りがする。母も裸。私も裸。おんぶされているのは、二歳くらいの私。やがて母は背からおろして、半てんをかけてくれる。

——一番古い記憶である。時折、フッと昨日のことのようによみがえってきては、私を昔日《せきじつ》に引きもどす。

じつに温かで、生々しいほどに甘美な記憶であろう。

もっとも、人間の記憶というのは「言語化」されて残るもので、どんなに古い記憶でも、言語が認識できるようになる、せいぜい三歳くらいからのものだ。

——と、今日《こんにち》の研究では、ほぼ立証されている。それ以前の記憶というものは、当人がいくら「鮮明に覚えている」と主張しても、あとから脳内で作り出した〝嘘の記憶〟にすぎない。

この古関の記憶も、ほぼ間違いなく、古関が後年、心の中で創作したものであろう。

しかしながら、こうした記憶を心の中で作り上げたということは、古関がいかに幼少期に父母の深い愛を受けていたか、そして、そのことを彼自身が深く確信していたか――という事実を示す。

古関が生み続けたメロディが、すべての私たち日本人に心地よく響くのは、その根幹に、確かに「愛」があるからで、その「愛」の根幹は、彼が父母から授かったものなのである。

故郷の自然と家庭の愛に包まれて、古関はのびのびと、その幼少期を過ごした。

そして古関は、作曲にかけては紛《まご》うことなき天才であった。

生涯に、クラシック音楽からオペラ、一方で童謡や行進曲から歌謡曲、幾多の校歌や応援歌、さらにはラジオドラマやテレビドラマ、そして映画の主題歌からBGM……と、古関の生み出した曲は、五千曲にものぼる。あまりにも膨大にして驚異的な数である。

その才能は、じつに早い時期に芽吹《めぶ》いた。

それは幸運にも、彼の周りが、明治・大正時代の当時としては例外的なほど音楽に満ちていたことに由来する。

まず第一に、古関の父・三郎次《さぶろうじ》がたいへんな音楽好きであった。

三郎次は明治末から大正初めにかけての当時、市場に出回り始めたばかりの高価な蓄音器《ちくおんき》を購入して、それを店先に備え、商売の合間合間に、よくレコードをかけていた。

三郎次としては、自分の趣味であると同時に、使用人たちへの福利厚生的なサービスの意味もあったようである。

当時の国産レコードは、長唄《ながうた》や浪花節《なにわぶし》、義太夫《ぎだゆう》など、我が国の伝統的な音楽を吹き込んだものがほとんどで、古関の自伝によると、店の蓄音器から流れてくる音楽は「**浪曲《ろうきょく》が多かった**」らしい。

もっとも、三郎次は音楽全般が好きな人だったようで、浪曲に限ることなく、民謡や吹奏楽のレコードも手に入れて、かけていた。

五歳くらいだった古関は、この蓄音器から流れるさまざまな音楽に耳を傾けながら、お絵描き遊びなどに興じる日々を過ごしていた。この体験こそが、古関と音楽との大きな出合いだった。

第二に、古関の生家のすぐ側に「日本基督《キリスト》教団　福島教会」があったことも、古関の才能を開花させるのに一役買っている。

この「日本基督教団　福島教会」は、古関の生年と同じ明治四十二年（一九〇九）に建てられたもので、古関が物心付く頃には、すでに古関の日常風景の中にあった。

この教会は、のちに方々に建てられる東北地方のキリスト教会の雛形《ひながた》ともなった、近代日本の建築史においても重要な建物だ。

とは言え、幼い頃の古関にとっては、そんなことはどうでもいい話で、もちろん古関は、キリスト教に傾倒することもなかった。

ただ、その教会から流れてくる賛美歌の優雅な調べは、幼少期の古関に、洋楽のすばらしさを知らしめた。オルガンの伴奏に合わせた信者たちの声が奏でる賛美歌は、我が国の伝統音楽にはない、柔らかでヨーロッパ的な美しさに彩《いろど》られ、独特の甘い響きがあった。

古関は、この賛美歌によって、洋楽の旋律というものを肌で実感した。こうして幼い頃の古関は、確かな実体験として、さまざまな音楽と接することができていたのだ。

彼の作曲の才能は驚くべきことに小学校に入ってまもなく、芽吹くことになる。それも、こうした音楽に包まれた環境があったればこそであろう。

作曲をする小学生

古関は、大正五年（一九一六）の春に「福島県師範附属小学校」に入学する。七歳の年である。

師範学校というのは、その名のごとく「教員を育成する」ことを本来の目的とする学校で、官立であるため学費がかからない。

余談ながら、夏目《なつめ》漱石《そうせき》（一八六七〜一九一六年）の『坊っちゃん』の中で、主人公が赴任した中学（私立）の生徒と師範学校の生徒が大喧嘩《おおげんか》するエピソードがある。これは、「私立イコール裕福な家庭の生徒」と「官立イコール貧しい家庭の生徒」という〝格差のあいだ〟でのいさかいを、表したものだったのだ。

そんなわけで、福島きっての老舗呉服屋の息子が入る学校としては、いわゆる「尋常小学校」ではなく「師範附属」というのは少々似つかわしくない。が、古関家としては、古関を、

「早くから店の跡継ぎに」

と考えていたから、もともと遠方の尋常小学校へ通わせてまで高度な教育を施《ほどこ》す気はなかったようである。現に、この頃の古関は、店の跡継ぎの修業として、不恰好なほど大きな前垂れをかけさせられ、店先に立たされることもしばしばであった。

ところが、運命というのは不思議なもので、才能を開花させる者には自然と、それを手助けしてくれる師が現れる。

古関が三年生に進級した年、クラスの担任教師が、音楽教育におそろしく熱心な人物だったのだ。

その教師、名を遠藤喜美治《えんどうきみじ》という。

折しも、大正七年（一九一八）に近代児童文学の嚆矢《こうし》たる雑誌『赤い鳥』が創刊された。

『赤い鳥』は、近代日本にふさわしい、優れた児童文学を輩出することを目的とし

た雑誌で、創刊者は、夏目漱石の弟子であった鈴木三重吉《すずきみえきち》（一八八二〜一九三六年）である。『赤い鳥』は、一線級の文学者・作家・詩人たちへ、積極的に児童文学の執筆を依頼し、近代日本の児童文学は、この雑誌によって一挙に芸術としての発展を見る。

遠藤もまた、『赤い鳥』の志《こころざし》に大いに共感した教育者の一人であった。そして、担任する児童たちへ、熱心に童謡の指導をした。

遠藤はまた、「綴《つづ》り方（作文）」の教師でもあったので、子供たちに、既存の童謡ばかりではなく、自ら童謡の歌詞を作る授業も施した。

そんな中で、古関は、童謡の作詞よりも作曲に大いに興味を持った。

大作曲家・古関裕而の実質的なスタートである。

小学校時代の古関は、どちらかと言うと、クラスでは目立たない控え目なタイプだったが、こと作曲となると、心底楽しんで、自らの作詞作曲の童謡をドシドシと発表していった。

クラスの児童たちの誰もが、古関の小学生としてはケタ外れの音楽の才能に、感嘆することしきりだった。

「先生！　また新しいものが、できました」

古関は得意満面で、自作の童謡を発表する。

「すばらしいぞ。古関君。君の童謡は、まさしく傑作だ！」

遠藤は、わずか七歳の古関を、まるで一人前の音楽家のように敬意さえ払って、賞賛してくれた。

懸命に努力する児童の人格を、一人前の人間として扱うことは、まさしく近代教育の基本であろう。この点において、古関は「人間としてもすばらしい師」に、出会えたことになる。

同級生たちも、古関の作曲には、一目も二目も置くようになっていった。そして、自分が作詞した童謡の作曲を、古関に頼むことが、クラスのちょっとしたブームになった。

「勇治。僕の書いた歌詞にも音楽を付けておくれよ」

「うん。もちろん、やるともさ」

ここが、古関の天才たるところである。クラスメートが次々と持ってくる歌詞の作曲を、片っ端から引き受ける。それも、じつに楽しんで。

古関は、クラスメートの歌詞を見た途端、頭の中にメロディが湧き起こるのだ。作曲の苦心というものを、この時期の古関は経験したことがない。とにかく楽しくてしょうがない。

「この子は将来、我が国の音楽史に残るかも知れない」

遠藤は、古関の才能の、ますますの開花を密《ひそ》かに期待していた。おそらくは、古関の才能を一番に見抜いていたのは、この遠藤であったろう。

もっとも、小学校三年生当時の古関は、正規の近代的作曲教育など受けていないから、楽譜の書き方も読み方も、知らない。なにしろ、当時の古関は「五線譜」の存在さえ、知らなかったのだ。

では、どうやって作曲していたのか。

これが、現代音楽や洋楽しか知らない私たちから見ると、じつにユニークな方法なのである。

古関は、頭に浮かんだメロディの「ドレミファ……」という音階に合わせて「1・2・3・4……」と、数字をつづっていく。

いわゆる「数字譜」である。

数字譜の便利なところは、五線譜がなくとも直接、白紙に記していける点だ。明治から昭和の初期頃までは、この数字譜のほうが、音楽の世界でわりと普及していた。ちなみに、今日でも、琴など我が国古来の伝統的な楽器による音楽では、数字譜が用いられている。

やがて、作曲の楽しさに目覚めた古関は、童謡の授業やクラスメートの歌詞の作曲だけでは、物足りなくなってきた。

古関が十歳になった頃である。

「古関君。西洋の音楽は、こういう独特の紙に、音を示す記号を書いていくんだよ」

そんな古関の心中を察してか、遠藤が古関に五線譜を見せてくれた。

「へえ。こんな線の中に、玉を書いて作曲するんですか」

古関は、初めて見る五線譜に目を輝かせた。

古関は早速、市販の楽譜を買い漁《あさ》った。

当時、西欧クラシックなどの楽譜が、すでに市販されていた。とくに有名だったのが「セノオ楽譜」という商品のラインナップだ。この頃に絶大な人気を誇っていた画家の竹久夢二《たけひさゆめじ》（一八八四～一九三四年）のイラストが表紙に刷《す》られていた点も、人気の大きな要因であった。

楽譜は、一枚三十銭《せん》。十銭もあれば蕎麦《そば》一杯食べられる時代だから、かなり高価なものだ。それでも古関は、小遣いをもらっては、せっせとセノオ楽譜を買い集めた。夢二のイラストも、お気に入りだった。

父親は、音楽好きとは言っても近代的な作曲のことなどまるで分からない人だったから、この十歳の息子の〝贅沢《ぜいたく》〟が理解できず、ずいぶんと、おカンムリだったらしい。確かに、十歳の子供の趣味としては、カネがかかりすぎるシロモノだ。

「わけの分からんものに無駄遣いしおって」

と、しょっちゅう古関に大目玉を食らわせていた。

けれど、そんな時に決まって古関をかばってくれるのが、母・ひさである。

「まあ、よろしいじゃありませんか。学校の先生も、勇治には思いっきり音楽をやらせてやってほしいと、おっしゃっていますことですし」

「ふむ。カネにも、ならんのに……」

父も、それ以上は怒らない。なんとも、子供に甘い両親である。

ちょうど、その頃である。母が、どこからか、子供用の卓上ピアノを買ってきてくれた。

「スゴい！　母様、まるで学校の音楽室みたいです！」

実際は、小さな玩具程度の品であった。が、古関には「初めての自分だけの楽器」である。このピアノが輝いて見えた。

「きっと、おまえが気に入ると思ってね」

これまた、十歳の子供の玩具としては、当時としては、とてつもなく高価な品だ。しかし、母はニコニコして、古関にそう言った。

「弾《ひ》いても、いいですか？」

「もちろん」

ポロン、ポロン……。

ピアノから奏でられる音に、古関は心酔した。

これからは、作曲したものを実際の楽器で弾けるのだ。

「これで、曲が弾ける」

少年の古関は、喜びの絶頂にあった。

それからというもの、古関は、記憶にある限りの音楽を、手探りで奏でていった。来る日も来る日も。

やがて自然と、我流でピアノの演奏をマスターし、自らの作曲にも、この卓上ピアノを使うようになった。

後年の古関は、メロディを頭に思い浮かべると、それをすぐさま五線譜に書いていく。作曲に楽器は用いず、彼の書斎には楽器は一つも置いていなかった。しかし、それほどに、あらゆる「音」を心と頭に刻みつけられていたのは、この少年時代の「ピアノとの日々」があったればこそ、だろう。

古関の幸運は、まだまだ続く。

やはり、ちょうどこの頃である。

近代日本音楽を牽引していた大作曲家で指揮者の山《やま》田《だ》耕《こう》筰《さく》（一八八六～一九六五年）の筆による、作曲のノウハウを伝えるテキスト『簡易作曲法』が、発刊された。大正七年（一九一八）のことだ。

ピアノと五線譜を前にして我流で作曲を楽しんでいた古関は、この書の存在を知るや、飛びつかんばかりに、すぐさま手に入れた。そして、ひたすら読みふけった。

それまで我流だった作曲の、正規の方法を初めて知った。

「なるほど。楽譜は、こうやって作るんだ」

タイトルに『簡易』と付いているだけあって、内容は、作曲の初歩からていねいに説いている。とは言え、並みの十歳の少年が、とうてい理解できるものではない。

ところが古関は、その内容が手に取るように分かり、スラスラと頭に入ってくる。

「やっぱり山田耕筰先生は、すばらしいお方だな。いつかお会いしてみたい」

山田耕筰と言えば、当時すでに日本音楽界の頂点にいた人物。それは、ちょうど「将来は宇宙パイロットになりたい」と言ったのと同じような、十歳の子供らしい無邪気な、けれど大それた夢だった。

だが、そんな「子供時代の夢をかなえられる天才」が時折存在するように、古関もまた、未来にこの大先達《だいせんだつ》の山田耕筰の知己《ちき》を得ることになる。

が、それはまだ先の話である。

こうして古関の、音楽に包まれた少年時代は過ぎていった。そして、小学校を卒業する時期には、正しい楽譜を自由自在に書けるようになっていた。

それもこれも、才能はもとより、どうしようもなく音楽が大好きで大好きで、その好きな想いによって一心不乱に、ひたすら音楽と向き合い続けた古関だからこそ、得られた力であったろう。

ハーモニカと青春

大正十一年（一九二二）。古関、十三歳。

彼は「福島商業学校」に入学する。

つまりは、中学生となったわけだ。この学校は、今日の「福島県立福島商業高等学校」の前身である。

この「福島商業」は、東北地方でもっとも古い商業学校であり、もちろん、当時からビジネスを専門に学ぶ学校であった。実家の呉服屋の跡取りである古関としては、将来を見据えての入学である。

もし、そのまま古関が卒業後に実家の呉服屋を継いでいたなら、彼の音楽活動は「家業《かぎょう》の傍らの趣味」程度になってしまい、大作曲家・古関裕而は生まれなかったかも知れない。

ところが、運命は奇妙な形で、古関の努力に報《むく》いてくれる。

なんと「福島商業」に入学してほどなく、父が家業を畳《たた》んでしまったのだ。

世は大正ロマンの時代。銘仙《めいせん》などの呉服が多く出回ったこともあり、本格的な呉服業は、かつてほどには盛況ではなかったらしい。

その後、父はしばらく「京染め」の仲次業を営《いとな》んでいたが、これもほどなく廃業して、悠々自適の隠居生活に入った。

つまり、古関としては家業を継ぐ責務から自然と解放されたわけで、将来の安定した仕事を失ったと同時に、自分の力で将来を切り開いていく自由を手に入れられたのである。

古関としては、もちろん、後者の喜びのほうが大きかった。

商人にならないで済むとなれば、商業学校の成績など、古関当人にとっては、さしたる問題ではない。彼は、学業そっちのけで、ひたすら音楽活動に励《はげ》んでいた。まさしく、静かな、けれど熱い青春の日々であった。

後年の自伝『鐘よ鳴り響け』でも、この頃を、次のように楽しげに回想している。

商業学校での私は、ソロバンの玉よりも音符のタマのほうが好きで、楽譜を買ってきては山田耕筰先生の曲に夢中になったり、また、私自身の作曲に熱中していた。

古関の、あえて言うなら「天才らしからぬ」ところは、自らの作曲に熱中するばかりでなく、数多《あまた》のクラシック音楽やオペラなど西欧の伝統的名曲を学ぶことに、懸命だったところだ。創作と同時に、学習・研究という地道な姿勢を、音楽に対して持っていた点だ。

彼は、山田耕筰の著書などを通じてさまざまな名曲を知り、学び、研究していった。ある日、授業でクラシック音楽の歴史について答えを求められた時、古関の「専門家はだし」の見事な解答に、教師はもちろん教室中の生徒たち皆が、驚愕《きようがく》したという。

その一方、古関の「音楽の感性」は並外れて発達していた。

なんと彼は、蓄音器で初めて聴く音楽でも、それを聴きながら正確に楽譜を作っていく。

――という離れ業《わざ》を、しばしば友人たちの前で披露《ひろう》した。

「古関君。こいつは人間業じゃないぞ。どうしたら、そんなことができるんだ」

周りの者は唖然《あぜん》とするばかりである。

「音を聴きながら五線譜を前にすると、頭に玉が次々と出てくるんだ」

古関は、いたずらっぽく笑った。「タマ」とはもちろん、音符のことである。

さて、この年齢になると、古関もさすがに「玩具のピアノで曲を奏でる」というわけにもいかない。この時代、古関が愛用した楽器はハーモニカである。

ハーモニカは、明治三十年（一八九七）頃から輸入され始め、日本人の知るところとなった。やがて、いくつもの町工場などでハーモニカが量産されるようになり、明治の末頃からハーモニカは、安価で手軽な楽器として、広く流通していた。古関も例にもれず、ハーモニカ演奏を楽しんでいた。

この「福島商業」時代は、入学した大正十一年（一九二二）から、卒業の昭和三年（一九二八）までの六年間である。つまりは、今日で言えば「中学・高校」時代と重なる。福島商業は五年制で、古関は一年留年しているのである。

この時代、古関の音楽人生にとって貴重な体験となる出来事が、三つあった。

一つ目は、学内でのことである。

年に二回開かれていた恒例の学校弁論大会において、

「弁論の幕間に何もないのは寂しいから、一つハーモニカの演奏でも入れようじゃないか」

という提案が持ち上がった。そこで、ハーモニカの演奏者が学内で募集された。

幼い頃は、引っ込み思案でおとなしい古関だったが、こと音楽にかけては、この時期には絶大な自信と、何より「好きでしょうがない」という気持ちがある。何の躊躇《ちゅうちょ》もなく、早速応募した。

そして、それまで自ら作曲してきた作品の中から自信作を合奏曲に編曲して、披露した。

これを聴いた学生たちは、大感激した。

「古関君といったか。いや、じつにうまい曲だ。ぜひとも弁論大会を彩ってくれたまえ」

こうして福島商業の弁論大会向けに「ハーモニカ合奏団」が結成された。リーダーはもちろん、古関である。

古関にとってこれが「自らの作品を大勢の人々の前で披露する」経験の、初めての機会となったのだ。

演奏が終わると、弁論大会の講堂は拍手に包まれた。

「ブラボー！　ブラボー！」

という喝采《かっさい》も、聞こえてくる。

「僕の曲を、こんなにたくさんの人が聴いてくれて、喜んでくれている」

古関が〝作曲家として〟初めて知る、熱い感動だった。

二つ目は、学外での音楽活動である。

奇《く》しくも古関が福島商業に入学した年、福島において、市民のハーモニカ合奏団である「福島ハーモニカ団」が創設された。この団体は、翌年には、ハイカラに「福島ハーモニカ・ソサエティ」と改名している。

福島ハーモニカ・ソサエティの創設者は、福島商業出身で、蕎麦屋の長男であった。だが、これまた、大の音楽好きで、家業そっちのけで楽団運営に励んでいた。練習場として店の奥座敷を使い、週に二、三度は定期的な練習会を開く。また、年に二回の演奏発表会も大々的に開くなど、かなり活発だった。

作曲とハーモニカに熱中していた古関が、この会を無視できるわけがない。主催者が母校の先輩ということもあり、参加しやすかったのだろう。二年生になって早速、この楽団に参加した（正式の入会は、福島商業卒業後）。

福島ハーモニカ・ソサエティの中でも、古関の才能は遺憾《いかん》なく発揮された。古関は、この活動の中で、世代や年齢を超えた音楽愛好家たちとの交流を持ち、しみじみと「音楽の楽しさ」を味わった。

そして三つ目は、やはり地元の福島で定期的に開かれていたレコード鑑賞会に、よく足を運んだことである。

この鑑賞会は、県庁の役人が自主的に開いていたもので、「火の鳥の会」と名乗っていた。名称の由来は言うまでもなく、ロシアの作曲家ストラビンスキーによるバレエ音楽『火の鳥』である。

古関は、この会にも足繁く通い、本格的に海外の音楽に接した。自伝には、当時のことを次のようにつづっている。

そこで初めてドビュッシーやラベル、ストラビンスキー、ムソルグスキー等の曲に出会ったのである。「ボレロ」や「火の鳥」などを聞いた時「これが音楽か」と驚いた。それほど強烈な音楽体験だった。私はそれ以来、近代フランス、ロシアの音楽に夢中になり、レコードコンサートには欠かさず出かけていった。

古関の音楽が、我が国の大衆に愛されながらも、どこか世界音楽的な格調の高さを帯びているのは、この「火の鳥の会」で、彼が多くの曲を肌で吸収していったからだろう。

古関は、「火の鳥の会」で知った海外の曲の楽譜を手に入れると、それをハーモニカ合奏曲用に編曲し、福島ハーモニカ・ソサエティに持ち込んだ。メンバーの誰もが感心し、演奏を望んだ。

「古関君、これは君の編曲だ。演奏会で発表する際には、ぜひとも君が指揮棒を振ってくれ」

「え、僕のような正式会員でもない学生が、皆さんの指揮を執《と》るなんて、いいんですか？」

ちょっと謙遜《けんそん》してみせた古関だが、もちろん指揮者をやりたくてしょうがない。

メンバーの皆から、

「ぜひに」

と請《こ》われて、少し照れながらも、

「それでは僭越《せんえつ》ながら……」

と、定期演奏会の指揮者を引き受けた。

古関が編曲・指揮したメンデルスゾーンやロッシーニの曲などは、見事なハーモニカのハーモニーとなって観客を魅了した。ことに、会の名にもなっている『火の鳥』のハーモニカ合奏版は、大喝采を受けた。

指揮棒を振ることの楽しさと、それが成功した時の身が震えるような感動を、古関は福島ハーモニカ・ソサエティの日々の中で、覚えていった。

目指すは、作曲家

当時の古関は、ハーモニカの演奏と編曲、そして海外の曲の勉強にと、文字どおり〝音楽漬け〟の日々を楽しんでいた。

商業学校の学生でありながら、そんな生活が許されたのも、両親や学校の教師が古関の才能を実感し、おおらかに認めてくれていたからだ。当時の古関は、多くの人々の愛に包まれていた、と言ってよいだろう。

学校の恩師の中でも、とくに古関の音楽を積極的に支援してくれたのは、意外にも、若き「英語教師」であった。名を丹治嘉市《たんじかいち》という。

丹治は、古関より四歳年上だ。福島商業を卒業後、教師として大正十五年（一九二六）、母校に赴任した。古関が十七歳の年である。

古関は、丹治の指導によって英語をマスターし、海外の楽譜出版社のカタログを読めるようになった。そのおかげで、海外の気に入った楽譜を取り寄せられた。

また、丹治は英語のみならずフランス語も堪能だった。古関は、フランス語で表記されている楽譜は、丹治の助けを借りて読んだ。

「君は、語学に熱心だね」

丹治が感心すると、

「楽譜を読みたいので」

と、古関は素直に答えた。丹治は笑った。

「はっきりした目標があるのは、結構なことだよ」

丹治は、古関に仏和辞典まで贈ってくれた。この辞典を、古関は生涯、大切にしていた。

丹治はまた、音楽が趣味で海外音楽のレコードを数多く蒐集《しゅうしゅう》していた。学校の柔道場で催されるレコード鑑賞会には、自分のコレクションを惜しみなく提供した。

おかげで古関は、ここでも多くの海外音楽に接することができた。

丹治は、古関が福島商業でもっとも親しみと敬意を抱いていた教師である。丹治の下宿先へ個人的に遊びに行って、そこでもレコードを聴かせてもらった。

もちろん福島商業時代の古関は、音楽の勉強とハーモニカばかりに熱中していたわけではない。彼は、在学中にも〝本業〟である作曲も、数多く手がけている。

たとえば、話の順序が逆になるが、大正十二年（一九二三）、十四歳の年。この年の九月一日に起こった関東大震災をテーマとした『大地の反逆』という曲を作っている。

古関の作曲のポテンシャルは、相当なものだった。彼はほぼ独学で、オーケストラ曲を作曲できるまでになっていた。

そして、あの『火の鳥』からインスピレーションを受けて、幻想的な日本の優美さを奏でる舞踊組曲『竹取物語《たけとりものがたり》』を、コツコツと作っていた。

こうして福島商業の六年間の日々は、充実のうちに過ぎていった。

卒業後は銀行員

昭和三年（一九二八）、三月。

古関はめでたく福島商業を卒業した。

しかし、卒業後の進路のことを考えると、一概に「めでたい話」でもなかった。なにしろ家業の呉服屋は、とっくに潰れている。古関は本心では、東京の音楽大学に進みたいと、願っていた。

しかしながら、国立の音楽大学（現・東京藝術大学音楽部）は、当時すでになかなかの難関校で、正規の音楽教育を受けていない古関には正直、厳しい門だった。もちろん、東京にはいくつか私立の音楽学校もすでにあった。けれど、学費や東京での生活費のことを考えると、これまた経済面で進学の夢は厳しかった。

結局、古関は福島商業の卒業後も、福島ハーモニカ・ソサエティでの活動と独学による作曲活動の日々を過ごしていた。そうするしかなかったのだ。

しかし、そんな生活ぶりは、傍目《はため》から見れば「健康な若い者が、ただブラブラしているだけ」のように映ってしまうだろう。心配した親戚が、

「暇なら、銀行の勤《つと》め口を斡旋《あっせん》してやる」

と、言ってきた。

この親戚は母方の伯父《おじ》で、自ら小さな銀行の経営をしていた。ちょうど人手不足でもあり、甥《おい》っ子の将来を案じてのことであった。

古関は音楽以外のこととなると、わりと気が小さく、流されやすい質《たち》である。

「それじゃあ、せっかくですから」

と、銀行に勤め始めた。

しかし地方の小銀行のこととて、ふだんの勤めは呑気《のんき》なもので、古関は銀行に通いながらも、密かに作曲を続けていた。

それでも、学生時代に比べれば、音楽に割《さ》ける時間は少なくなる。こうなると、作曲への情熱は、かえって強くなる。

「音楽をやりたい」

思い余った古関は、一大決心する。

これまでコツコツ作り溜めてきた曲の中から自信作の楽譜を、憧《あこが》れの山田耕筰へ手紙とともに送ったのだ。

古関としては、戦々恐々としながら、それでも、まさに「清水《きよみず》の舞台から飛び降りる」くらいの覚悟で送ったのである。

山田耕筰に認められる。

このくらいしか、当時の古関には、自分の未来に光明を見出す術《すべ》が思い当たらなかったのだ。

さすがに山田耕筰は、大人物であった。地方に住む名もない青年が、いきなり送り付けてきた楽譜を、丹念に見てくれた。そして、数日後には「頑張りなさい」という励ましの言葉を添えて、ていねいに送り返してくれた。

「あの山田先生が、僕の楽譜を見てくれた」

古関は、感激で天にも昇るようだった。

現実的には、それで何か変わるわけではない。だが古関は、漠然《ばくぜん》とでも「自分の音楽が自分の未来を切り開いてくれる」ような夢を持てたのだ。

そのあとも、古関は何度か山田耕筰に、楽譜を送っている。そのたびに山田は、優しい助言を一言二言添えて、送り返してくれる。

古関は、なにやら自分の音楽が一足飛びに、故郷から飛び立てたような気がして、強い自信を心の内に燃え上がらせた。

「もっと広いところへ、自分の音楽を届けたい」

そんな漠然とした夢は、確固たる具体的な目標に変わっていった。

ちなみに、古関が、本名の「勇治」から「裕而」というペンネームを名乗るようになったのも、この頃からである。

なんでも古関に言わせると、

本名「勇治」では勇ましい感じがし、私には合わない気がしていたので

と、いうことらしい（自伝『鐘よ鳴り響け』より）。

つまりは「『勇』は猛々《たけだけ》しいイメージで、音楽家にふさわしくない」といったような気分であろう。第三者の目から見ると、納得できるような、できないような、なんとも微妙なネーミングセンスである。

それにしても、この「裕而」という名には、古関の世代ならではの〝コンプレックス（無意識のこだわり）〟が込められているようでもある。自伝にも、こうある。

当時としては「裕」を用いる名前は珍しかった。それは、今上天皇のお名前の一

字を拝借するように思われ、誰もがご遠慮申し上げていたためである。

そうなのだ。昭和天皇の諱《いみな》（真の名前）は「裕仁《ひろひと》」であり、確かに「裕」の字がある。

当時の我が国は、二十歳《はたち》になった男子には「徴兵《ちょうへい》検査」を受ける義務があり、四月から五月頃に通知を受け取って、地元で検査を受けるシステムだった。当然、古関も受けていた。

古関は生来、身体《からだ》が頑健なほうではなかったから、検査結果は「丙種《へいしゅ》」だった。検査の結果は「甲《こう》・乙《おつ》第一・乙第二・丙・丁《てい》・戊《ぼ》」の六段階に分けられる。このうち「丁・戊」は明らかに健康上に問題のある者を指したから、「丙種」というのは、ふつうに暮らしている者でありながら「健康上欠陥が多く、軍務に適さない」と認定された者だ。

早い話、軍から「並みの生活をしているくせに、お国のための使いモノにはならない役立たず」という烙印《らくいん》を押されたわけである。これは、当時の日本男子としては、決して名誉ある結果ではなかった。

「僕は、日本男子として〝欠陥品〟なのか。いや、そんなことあるものか」

といった古関の複雑な心境が、「自らを天皇に〝より近い存在〟として自認したい」といった感慨を起こさせ、その心理から、あえてペンネームとして「裕而」を名乗ったのかも知れない。

古関が大東亜戦争中に、何かに追い立てられるかのように次々と、数多くの軍歌や戦時歌謡を作り続けたのも、自らを「誇りある日本男子の一員」として感じたかったからではないか。

こうした感覚は、私たち二十一世紀の日本人には容易に共感できないことだろうが、当時の日本人男性としては、きわめてふつうの感覚であった。

この頃の古関は、軍に「丙種」とされたことで、日本男子としてのプライドを砕《くだ》かれ、人としての自信さえ失いかけていたのかも知れないのだ。

そして、そんな時期なのである。

古関を大きく羽ばたかせる運命の扉が開いたのは。

第二章　結婚、そしてプロ作曲家デビュー

世界のコンクールへ

昭和四年（一九二九）、七月。

まさしく、古関《こせき》が徴兵検査を受けた春から数えて、ほんの数カ月ほどあとのこと。

古関は、ロンドンの「チェスター楽譜出版社」が公募していた作曲のコンクールに、自作を応募した。

「僕は音楽家としてこの世に生きていく存在なのだ」

そんな決意を持っての応募であった。

送ったのは、コツコツと作り溜めてきた自信作の中から選びに選び抜いた五曲。その中には、あの『火の鳥』から得たインスピレーションによって作り上げたオーケストラ用の舞踊組曲『竹取物語』も、含まれていた。

「当たって砕けろ、だ。もし世界の音楽界の誰かの目に留まってくれたら、きっと何かが変わる」

古関は、祈るばかりであった。

そして、待つこと三カ月。

入選作の発表が、この年の十月になされた。

なんと、古関の『竹取物語』が「第二位」に入賞！

世界にあっては、まだまだ音楽後進国の日本にあって、しかも地方の専門的な音楽教育も受けていない無名の一人の若者が、国際コンクールに堂々入賞したのである。

我が国の音楽界が驚愕した大快挙だった。

福島のマスコミ（新聞）は、「市内一青年の作曲が認められて世界の舞台へ」との見出しで、これを大々的に伝えた。

「世界だ！　世界だ！　僕は〝一人前〟の音楽家として、世界に認められたんだ」

古関は、大喜びである。

もっとも、意外にも、古関の両親や親戚といった身内は、話が大きすぎてピンと来なかったようである。

「勇治《ゆうじ》のことが、なにやら新聞に載っとる」

といった程度にしか、実感できなかったらしい。

出版社からは、入賞作の『竹取物語』をイギリスでレコーディングすること、そ

して古関に、

「イギリスへ音楽留学として来るように」

と伝えてきた。

古関は、当初は行く気満々だったらしい。

福島商業の恩師である丹治《たんじ》に宛てて、この年の十二月、次のような手紙を書き送っている。

「先生も御承知の通り、私もいよいよ今度、本当に音楽家になる為、明年二月末渡英致します。（中略）協会からは既に旅費、及びその他の費用として、£《ポンド》四〇〇の金が送金されて来ました。今は、私は行くばかりです」

興奮して気持ちが抑え切れないといった古関の心情が、伝わってくるようである。

だが、シャイな古関のこと。あまり周りには、騒がれたくなかったらしい。手紙の中では「この件は内密にしておいてほしい」といった意味の言葉を、丹治に念押ししている。

さて、そして結局、このイギリス音楽留学は、どうなったかというと……。

古関は、行かなかったのである。

冷静になって経済的な問題を考えてみれば、四百ポンドのカネだけでは、心許《こころもと》ない。店を畳んだ実家には、とうてい援助など当てにできない。

何より古関は、どうやら「冒険者的な気概」というモノを、持ち合わせていなかったようである。はっきり言ってしまえば、どうにも「怖《お》じ気《け》づいてしまった」ようだ。

ところが、である。

この国際コンクール入賞は、古関に、全く別の、思いもよらない幸運をもたらしてくれたのだ。

金子《きんこ》という女性

物語の舞台は、福島から、愛知県の豊橋《とよはし》に移る。

戦前の豊橋は、陸軍歩兵第一八連隊が置かれていた、いわゆる「軍都」であった。

その陸軍に馬具を納入することを生業《なりわい》としていた内山《うちやま》家という一家が、住み暮らしていた。

その三女に「金子《きんこ》」という少女がいた。

少女とは言っても、明治四十五年（一九一二）の生まれだから、古関がイギリス留学を断念した頃は、十七歳。うら若き乙女である。

この金子、子供の頃から好奇心旺盛で行動力が抜群であり、早い話〝おキャン〟な娘だった。

一方で、音楽と文学をこよなく愛する芸術家肌の娘でもあった。さらには、夢見がちな少女で、いつも空想に耽《ふけ》っているような、ちょうど、世界的児童文学の傑作『赤毛のアン』の主人公にも似た少女だった。

金子は、女学校の頃には、オペラ歌手に憧れて、密かに音楽の道を模索していたらしい。現に、彼女には音楽家としても一級の才能があった。

とは言え、家族身内には、音楽に造詣《ぞうけい》のある人間などいなかったようで、彼女の夢を理解してくれる者があるわけもなく、その想いはどこまでも、金子の心の中だけに秘められていた。

昭和五年（一九三〇）、一月。

そんな金子の耳に飛び込んできたのが、古関の国際作曲コンクール入賞というビッグ・ニュースである。

「福島に、スゴい殿方がいるわ！」

この話を知るなり、金子は大興奮。遠い福島の地にいる、顔さえ見たことのない青年のことを、たちまちのうちに〝我が空想世界の王子様〟へと仕立て上げてしまった。

金子はとにかく、行動力の塊《かたまり》だった。

すぐさま古関に、熱烈なファンレターを書き送った。古関の快挙、大絶賛の手紙である。

そして、その手紙の中には、

「図々しいお願いではありますが、もしできることならば、あなた様の楽譜を送っていただけないでしょうか」

といった〝おねだり〟も、書き添えた。金子はもちろん楽譜が読める。

ビックリしたのは、古関である。

親類縁者さえ、さして感心してくれず、留学にも踏み切れず、なにやら〝肩透《かたす》かしを食らった〟かのような凹《へこ》んだ気分の時に、突如舞い込んできたファンレター。

「豊橋……。そんな遠くに、僕の音楽を、ここまで賞賛してくれる人がいたなんて」

古関は、金子を「自分への理解者」として、ひたすら感謝した。もちろん、すぐさま、楽譜とともにお礼の返事を、書き送った。

この返事を受け取った金子は、さらに大喜び。

「やっぱり、私の思ったとおりのすてきな殿方だわ」

完全に〝決めつけ〟である。

こうなると、二人の手紙の遣《や》り取りは何度となく、延々と続くようになる。若い男女のことである。実際に付き合ったことがないだけ、互いに互いへの想いが熱く募《つの》る。

金子のファンレターは、いつしか熱烈なラブレターへと変わっていく。

まさしく昭和初期の遠距離恋愛である。

こうした文通が、三カ月ほど続いた。二人が遣り取りした手紙は、行李《こうり》（竹や柳で編んだ箱形の物入れ）一杯分にもなったという。

この遠距離恋愛では、金子よりもむしろ古関のほうが、熱を上げていたようだ。

金子は、音楽ばかりか文才もある。ある時、彼女は古関への想いをつづった詩を書き送った。『君はるか』というタイトルである。なんとも、じつにストレートなタイトルだ。

これを読んで感動した古関は、すぐさまこの詩に曲を付け、楽譜にして金子に送った。

とにかく、閃《ひらめ》きの鋭い「天才肌」の古関のことである。金子の想いにたちまちのうちインスピレーションが湧いて、またたくまに曲を書き上げた。

「なんてすてきな曲なの」

金子は、その楽譜から感じられる、切々とした古関の想いを受け取り、ますます恋慕《れんぼ》の情が強くなる。

金子から、

「感動した」

という返事をもらった古関は、すっかり〝味を占《し》めた〟ようである。

「そうだ。下手な文章をつづるより、金子さんへの気持ちを曲にして、それを捧げるほうが、僕の想いが伝わる」

この手紙の遣り取りの三カ月間で、なんと古関は、驚くべきことに「オーケストラ曲十三曲・歌謡曲十曲・室内楽三曲」合計二十六曲という大変な量の曲を、金子に捧げている。

もちろん、いずれも実際に演奏するチャンスがあろうなどとは、古関は考えていない。そんなことは、古関にはどうでもよかった。ただ、ひたすら金子に楽譜を読んでもらうことで、自らの気持ちを汲み取ってほしかったのだ。

この頃、金子はすでに女学校を卒業していて、名古屋で雑誌編集のアルバイトをしていた。アルバイト先での住み込み暮らしである。

豊橋の実家の家計を助けるためであったが、多少のカネは自由に使えた。そこで彼女は、声楽の教師に師事して、初めて本格的に音楽の修業に励んでいた。

「古関様。私は今、名古屋で声楽の勉強に励んでおります。古関様と直接お会いして、ぜひとも音楽のお話をしたく思います」

そんな手紙を、古関に寄せた。

古関は、いよいよ金子に対する熱情を抑え切れなくなった。

「こんなに逸《はや》る気持ちは初めてだ」

古関にとっては、まさしく初恋だったのである。

「金子さんに会いたい」

古関はついに決心し、金子の実家がある豊橋へと旅立った。同年五月下旬のことである。来訪は先刻、金子に伝えておいたので、金子は名古屋から豊橋へ帰り、古関の来るのを待ちかねていた。

そして、二人はついに出会った。

三カ月の文通で、二人の心はすでに結ばれていた。初対面の二人ではあったが、その出会いには、何のためらいもよそよそしさもなかった。

古関の金子に対する想いは、すでにピークに達していた。

古関は金子に、

「僕には、あなたしかいません」

と、顔を真っ赤にしながら熱烈な言葉で迫った。古関、一世一代のプロポーズである。

「僕と金子さんは、神様が音楽で結んでくれたんです。ちょうどシューマンとクララのように！」

古関の言う「シューマンとクララ」とは、言うまでもなく十九世紀に活躍したドイツの大作曲家ロベルト・シューマンと、その妻にして当時ヨーロッパを席捲《せっけん》したピアニストのクララ・ヨゼフィーネ・シューマンのことを、指している。

歴史に残る世界的作曲家と演奏家の夫婦を、まだ実質的には素人《しろうと》にすぎない自分たちになぞらえるとは、なんとも図々しい話だ。ふだんのおくゆかしい古関ならば、とても恥ずかしくて、こんなセリフは吐けなかったろう。

つまりそれほどに、古関は金子に惚《ほ》れ込んでいて、彼女を前にするや、ふだんの冷静さなど吹っ飛ぶほどに、熱く心を燃え上がらせていたのだ。

この言葉を受けた金子は、どうしたか。

ふつうのうら若き乙女なら、驚きのあまり思わず顔を伏せて、モジモジとするところだろう。

ところが、ここでもまた金子の、破天荒《はてんこう》な行動力が発揮される。

金子は、まっすぐに古関を見つめて、間髪《かんはつ》を容《い》れずはっきりと返事した。

「古関様。どうか私をあなたのところに嫁《とつ》がせてください。どうか私を福島へ連れていってください！」

いやはや、すさまじいほどの熱情。そして、迫真の言葉。

古関は、もう頭の中が「金子一色」となった。初恋の、最高の成就《じょうじゅ》である。まさしく正真正銘「感無量」とは、この時の古関の感情を指すのであろう。

「ぜひ！」

こうして金子は、古関とともに福島へと旅立つこととなった。

豊橋を出るにあたって古関は、金子の実家の内山家に挨拶し、二人の仲と気持ちについて懸命に説明した。どうあっても金子と福島へ帰りたい古関は、とにかく必死である。

「なるほど。うちの娘をそこまで想ってくださるか」

なにしろ娘の一途な気性は、もちろん知り尽くしている両親である。ビックリしながらも、

「金子のことだから、そんなこともあろう」

と、この急な結婚話にも、ほとんど狼狽《ろうばい》はしなかった。いや。むしろ、

「こんな破天荒な娘を、見染めてくれる男が現れたとは、なんとも幸運だ」

くらいの気持ちであった。

かくして二人は、めでたくゴールインしたのである。

正式な結婚は、同年六月一日だった。

当時は、それなりの中流以上の家庭の子女の結婚ともなれば、きちんとした媒《ばい》酌人《しゃくにん》のもとで見合いをして、互いの家庭で了解を取り付け、初めて結ばれるのが

通常である。それが、媒酌人も親の承諾もすっ飛ばしての、当人同士だけで決めた、この電撃結婚。

福島の古関の身内も、

「勇治。おまえ、いつのまに……」

と、驚くばかりであった。

しかし、古関と金子は幸せだった。

二人には、互いの愛情と敬意に、微塵《みじん》の疑いもなかったのである。

上京

イギリス留学の夢はかなわなかった古関ではあったが、この結婚と同時期に、大きな幸運と転機が訪れていた。

外資系のレコード会社として日本の音楽界をリードしていた「コロムビア」から、勧誘の知らせが届いたのだ。

「ぜひ当社の専属作曲家として契約し、東京へ来られたし」

将来に具体的な道を見出せないでいた古関にとっては「渡りに舟」の話が、舞い込んできたのである。

「金子さん。東京の大きなレコード会社が僕を雇《やと》ってくれる、と言ってきた。一緒に東京へ行きましょう」

「すばらしいお話ですわ！　そうと決まれば、一日も早く！」

この望外の勧誘に、古関夫妻は手を取り合って喜んだ。

「でも、なぜコロムビアは僕のことを知っていたのだろう？」

「それはもちろん、あなたのコンクール入賞を知ってのことですわ！」

じつは、そうではなかった。

なんと、あの山田耕筰がコロムビアに、古関を推薦してくれていたのだ。山田は当時、コロムビアの顧問だった。

「福島に、無名ながら才能あふれる若い作曲家がいます。彼ならきっと、ヒット曲を生み出すでしょう」

かつて憧れの山田耕筰に、ひたすら認められたくて作った曲の楽譜を送り続けていたことが、功を奏したのだ。山田は、古関の才能を十分に見抜いていた。

コロムビアからは、支度金として三百円もの大金が送られてきた。

エリート職である国家公務員の初任給が七十五円の時代である。三百円もあれば、すぐに東京へ出ても、しばらくは生活に困らない。

電撃結婚に、いきなりの上京。

古関の目まぐるしい動きに、両親をはじめ身内は、とても話についていけず、目をシロクロさせるばかりである。

しかしながら、とにかく、音楽ばかりに熱中してきた〝ドラ息子〟に就職の当てができたということで、両親も一安心し、二人の門出《かどで》を祝した。

古関の自伝には、当時の身内の様子が、ユーモラスにつづられている。

両親や親族は、演歌師の片棒かつぎか、あるいはせいぜい成功しても地方小唄程度の作曲をするのが関の山だくらいにしか思っていないようだった。それでも出発に際しては「がんばってやって来い」と言ってくれ、別段反対しなかった。そこで、その年の九月、妻と二人東京へ向かった。

身内の誰もが、よもや古関が我が国を代表する大作曲家になろうなどとは、この時は想像だにできなかったのだ。

初めての東京

上京した古関夫妻は、とりあえず阿佐ヶ谷《あさがや》の義姉（金子の姉）の家に、部屋を借りた。

金子が、

「これを機会に東京で声楽の勉強をしたい」

と願ったので、夫婦で、大きな合唱団にも所属した。そして金子は、主婦の身ながら「帝国音楽学校」の声楽科に入学。古関は、金子の通学の便を考えて、世田谷に居を構えた。

金子は嬉々として、練習に励む日々を送った。

しかし、一方の古関は、不安で悶々《もんもん》としていた。

確かに、コロムビアから誘いの手紙と支度金は受け取った。上京してからの住所は、すぐにコロムビアに通知した。ところが、肝心の「辞令」と「出社通知」が、なかなか届かない。

「僕はいつ、会社に行けばよいのだろう」

なにやら、大東京の空の下にポッンと放り出されたような不安の中で過ごすうち、とうとう年があらたまってしまった。

こうして、昭和六年（一九三一）になった。

それでもコロムビアからは、一向に連絡がない。

季節は春になった。

そして、ようやく「作曲家・古関裕而」に初仕事が舞い込んだ。

だが、それはコロムビアからの依頼ではなかった。

初仕事

この時代の人気スポーツと言えば「大学野球」である。

ことに、今日にも伝統として続いている早稲田《わせだ》大学と慶應義塾《けいおうぎじゅく》大学の「早慶《そうけい》戦《せん》」のカードこそが、なんと言っても一番の人気であった。

当時、慶應に押され気味だった早稲田の応援団は、

「この年の春のリーグ戦では、神宮《じんぐう》球場に響かせる新しい応援歌を作って、母校を鼓舞《こぶ》しよう」

と、考えた。そこで、全校に歌詞を募った。

そして選ばれたのが、今日にも歌われている『紺碧《こんぺき》の空』である。当時、高等師範部の学生が応募したものだ。

選考委員の誰もが異議なく、この歌詞の採用に賛同した。ところが、作曲を誰にするかでは、なかなか話がまとまらなかった。

この時、選考員の一人だったのが、詩人で仏文学者の西条八十《さいじょうやそ》（一八九二〜一九七〇年）である。

西条は、明治二十五年（一八九二）の生まれだ。旧制早稲田中学校からの生粋《きっすい》の「早稲田ボーイ」で、卒業後にはフランスに留学し、帰国後に、母校である早稲田大学の文学部文学科の教授に就いていた。

西条は、のちに古関とも深い因縁でつながることになる。

西条は、会議の席上で、こう意見を述べた。

「この『紺碧の空』は、ほとんど修正を必要としないほど、すばらしい出来だ。しかしながら、節回しが難しくて、よほど腕のある作曲家でなければ、曲は作れないだろう。ここは一つカネを積んで、山田耕筰先生クラスの大家に作曲を頼むべきだ」

この意見に、応援団の若いメンバーたちが、カチンと来た。

「先生！　栄光の我が早稲田の応援歌を、カネにモノを言わせて作るなど、なんたる不遜《ふそん》なご意見ですか！　先生も早稲田の人間なら、カネの力を借りるなどという下卑《げび》たお考えは言語道断と、お分かりでしょう！」

西条は、応援団の気炎《きえん》に、

「まいった。まいった」

と、苦笑した。

そこで、無名でも良い作曲家を探そうということになった。

「心当たりがあります」

ここで声を挙げたのが、伊藤茂《いとうしげる》という応援団の学生である。

当時、古関が親しく付き合っていた人間に、伊藤久男《ひさお》という若者がいた。彼は古関と同郷で、さらには、金子が通う学校で同じ声楽科でもあった。伊藤はのちに、歌手となって古関の曲を数多く歌うことになる。

伊藤茂は、その伊藤久男の従兄弟《いとこ》である。そんな関係から、古関とも知己であった。

「古関裕而という若い作曲家が今、東京に出てきています。無名ですが、海外の作曲コンクールで賞を取ったほどの男です」

　こうして古関に、早稲田大学から依頼が来たのである。

「分かりました。早稲田のために、きっと良い曲を作りますよ」

　初めての仕事の依頼に、古関は興奮した。一も二もなく引き受けた。

「よーしっ。やるぞ！」

　プロ作曲家としてのスタートである。古関は、大張りきりだった。

　ところが……。

　スポーツの応援歌の曲など、これまで作ったことがない。さらには、届けられた歌詞を見て、その内容に古関は頭を抱えた。

「こいつは、難しい」

　あの西条の意見は、全く的を得たものだったのである。

　約束の日は、迫ってくる。しかし古関には、どうしても納得できるメロディが浮かばない。

　早稲田の応援団員たちも、なかなか届かない曲に、気が気ではない。連日、古関の家へ、

「先生はご在宅か」

と、催促に訪れる。

当時の大学応援団と言えば、どいつもこいつも、髭面《ひげづら》の厳《いか》めしい男ばかり。これが、七人、八人と連れだって押しかけてくるものだから、古関としては焦るばかりである。

けれど、金子は、なにしろ気丈な女だから、そんな猛者《もさ》たちがやってきても、

「まあまあ、ご苦労様です」

と、お茶やお菓子を出して、かいがいしく応対してくれる。

「金子さん。済まないね」

古関が金子に、厳つい男たちの相手をさせていることを心苦しく感じて、済まなそうにこう言うと、

「何をおっしゃいます。私の実家は、軍のお仕事をしているのですよ。本物の軍人さんに比べれば、学生さんなんて可愛《かわい》いものです」

と、金子はカラカラと笑った。じつに、たくましい女性である。

とは言え、金子も内心では、少々弱っていた。

何が弱っていたと言って、屈強な男どもがワラワラと家に押し込んでくるものだから、安普請の家が、そのたびにミシミシ音を立てる。いつ床が抜けるかと冷や冷

やしていたのだ。

こうして、苦心惨憺《くしんさんたん》の末、曲はようやくできあがった。

発表会の三日前という、まさしくギリギリの仕事だった。

できあがった『紺碧の空』は、早慶戦の球場に響きわたった。

この年の大会で、早稲田は慶應を圧倒。ついに、宿敵・慶應を倒し、栄冠を手にした。

と同時に、『紺碧の空』も多くの野球ファンが、口ずさむようになった。

この功績以降、古関裕而の名は「応援歌の名作曲家」として人々に知られるところとなり、その後も幾多の、応援歌や行進曲を生み出すこととなる。

古賀政男《こがまさお》との出会い

昭和六年（一九三一）、春。

ようやくコロムビアから、正式に仕事の依頼が来た。

「早急に二曲、流行歌の曲を作られたし」

古関は、やっと来た会社の依頼にホッとしたものの、多少のとまどいがあった。

なんとなれば、古関はクラシックやオペラの作曲が得意だし好きだし、心の底では「流行歌なんか、二流の音楽だ」といった〝偏見〟があったからだ。けれど、専属作曲家として契約している以上は、会社の依頼には従うしかない。古関は、頭を抱えながら作曲に着手した。

じつは、この頃、コロムビアにはもう一人、若き専属作曲家が契約していた。言わずと知れた、昭和の大作曲家・古賀政男（一九〇四〜一九七八年）である。ところが、古賀もまた、古関同様に流行歌の作曲には自信がなかった。二人は、コロムビアの社屋にある食堂で、よく顔を合わせた。

「古関君。君は『流行歌を月に二曲』という会社のノルマは、辛くないかい？」

「はあ。でも、会社の意向ですから」

古関は、思い詰めている古賀と比べると、どこかノンビリしている。古関というのは、そういう男なのだ。

「古関君。じつは、僕の音楽家としての夢は、作曲家ではなくて、ギター・マンドリンの演奏家なんだ。会社にもその旨、懸命に伝えたんだけれど、結局は作曲家にされてしまった」

古関は、なんだか古賀が気の毒に感じて、無責任な励ましをした。

「まあ、なんとかなりますよ。とにかく二曲、作ればいいんですから」

古賀は、古関の呑気《のんき》な言葉に、励まされるどころか少しムッとしたようだ。

「何、呑気なことを言っているんだい。音楽学校の学生の課題とは、わけが違うんだよ。僕たちはただ、月二曲作ればいいと言うわけじゃない。あくまでも『流行歌』を作って、会社を儲けさせなければならないんだ。売れる曲を作れなければ、たちまちクビだよ」

「えっ！　そうなんですか」

古関は今更のように驚いた。

どうにも、古関には浮世離《うきよばな》れしているところがある。

「君だって、契約の折に、まとまったカネをもらったろう。あれは、言わば『印税の先払い』さ。売れる曲を作らなければ、あのカネだって、いつ『返せ』と言われるか、分かったものじゃないよ」

カネの話をされた途端、古関にも、危機感が急に湧き上がってきた。

売れなければならない。そうしなければ、会社に捨てられ、音楽を続けられなくなる。

「おい、古関君。大丈夫かい。顔色が悪いぜ」

「だ、だ……大丈夫です。古賀さん。お、お互い、大いに売れる曲を作ろうではありませんか」

古関には、焦ると言葉に詰まる癖がある。

「こいつはエラいことになった」

古関は「専属作曲家」という立場の厳しさを、ようやく思い知った。

古関が、作曲したコロムビアでのデビュー曲は『福島行進曲』というタイトルである。故郷・福島の懐かしい景観をイメージした曲だ。が、じつはこれ、コロムビアからの依頼で作ったものではなく、以前から独自に温めていた曲を、会社に出したのだ。ちょっとズルい気もする。

二曲目のタイトルは『福島夜曲《せれなあで》』。

これもまた、上京前に作った曲だ。昭和四年（一九二九）に地元の福島で、売れっ子画家である竹久夢二の個展が開かれた。これを観て感動した古関が、そこからインスピレーションを得て作ったものだ。

ちなみに、「月二曲」という条件は、レコードのA面とB面それぞれに吹き込む関係からのものだ。現在は、CDが音楽商品の基本形態だから、A面B面の区別などなく、昔のレコードを知らない昨今の若者には、ピンと来ない話だろうが……。

『福島行進曲』と『福島夜曲』は、無事に歌手によって吹き込まれ、商品化された。もっとも、地元の福島でこそ、そこそこ売れたものの、売り上げはパッとしなかった。会社からすると「ギリギリ及第点」といったところだった。

「まあ、僕は本来、流行歌の作曲家ではないし、こんなモンだろう」

それでもとりあえずクビがつながったことで、古関は満足していた。

また、その一方で、古関は『紺碧の空』の人気を買われて、コロムビア独自とは別ルートで作曲の依頼を受けた。

この年、昭和六年（一九三一）の十一月。アメリカプロ野球の選抜チームを、我が国が招待した。日本大学選抜チームとの対抗試合のためである。そのセレモニー用に、作曲を依頼されたのだ。これは、読売新聞社とコロムビアの共同企画である。

この依頼で古関が作った曲が『日米野球行進曲』だ。

古関は、四千人の観客の前で、この曲の演奏の指揮棒を振るった。古関としては、大満足の出来だった。

「金子さん。僕は、どうやら作曲家として、やっていけそうだよ」

古関は、金子に満面の笑みで語りかけた。金子にも不安はなかった。笑顔で返した。

だが、こののち、古関の作曲家人生は、しばらく茨《いばら》の道が続くのである。

古賀政男との明暗

昭和六年（一九三一）の秋。

古関に「僕は、作曲家より演奏家になりたかった」とグチをこぼしていた古賀政男が、大ヒットを飛ばした。

今日のカラオケの定番ともなっている『酒は涙か溜息か』である。

ギターの伴奏は、古賀本人。歌を吹き込んだのは、これまた「昭和の天才歌手」、若き日の藤山一郎《ふじやまいちろう》である。

『酒は涙か溜息か』の売れ行きは、すさまじかった。町中にこの曲が流れ、レコードは飛ぶように売れた。

古関も、自宅の蓄音器で、この曲をじっくりと聴いた。哀愁のある、それでいて、どこか「誰にとっても懐かしい」温か味のある、染《し》み入る曲だった。ギターの伴奏も、すばらしかった。「ギター・マンドリンの演奏家になりたい」と言っていた古賀の気持ちが「さもありなん」と、納得できた。

「すばらしい。流行歌とは、こういうものなのか。誰の心にも染み入るものなのか」

古関は、素直に感動した。

しかし、古関の立場からすると、ただ「感動するだけ」で、済むものではなかった。

コロムビアは、言ってしまえば「古賀と古関を天秤にかけていた」のである。体裁よく言えば「ライバル関係」だが、会社にしてみれば、売り上げが第一。古賀が売れれば売れるほど、

「古関のほうは、どうなっているんだ」

と、古関への風当たりが強くなる。

古賀の勢いは、とどまるところを知らなかった。続いて発表された『丘を越えて』は、打って変わって躍動感あふれる明るい曲で、これまた、藤山一郎がすばら

しい美声で歌い上げ、大ヒット。

戦争の足音が徐々に響いてきて、暗い世相になりつつあった時代である。そんな時代だからこそ、人々の気持ちを明るく支える『丘を越えて』は、誰にも喜ばれた。

いわゆる「古賀メロディ」は、まさしく「時代の寵児《ちょうじ》」となった。

そんな中、古関のほうは、大したヒットも生み出せず、悶々と日々を過ごしていた。

「あなたの音楽は、国際コンクールで認められたものなのですよ。近い将来、いつか必ず花開きますよ」

それでも、古関の音楽を愛し、信じ切っている金子は、心の底からの笑顔で、こう励ました。

だが古関は、弱々しく笑い返すだけだった。

コロムビアからの新たな給金もほとんど入らず、上京の折に懐中《かいちゅう》にあったカネを遣り繰りして、細々と日々を過ごす。ある時などは、一杯の掛け蕎麦を、夫婦二人で分けて食べることさえあった。

金子の持ち前の明るさだけが、古関の唯一の救いだった。

入社五年目に、ついにヒット曲

そして数年。

古関は、必死に作曲に専念した。何枚ものレコードを出し続けた。

「今度こそ、今度こそ」

と、ヒットを願い続けた。

だが、相変わらずヒット曲が生み出せない。

昭和七年（一九三二）には長女の雅子《まさこ》が、昭和九年（一九三四）には次女の紀子《みちこ》が生まれた。家族四人、とにかく食べていかなければならない。そのためには、どうしてもヒット曲を出さなければならない。

会社で肩身の狭い思いをしていた古関——事実、コロムビア社内では「古関解雇」の話も持ち上がっていたのだ。

しかし、この時、会社のドル箱だった古賀政男が、

「音楽家にスランプは付きものです。古関君は、いつかきっと会社に富をもたらしてくれますから、辛抱して待ってやってください」

と、古関を擁護《ようご》し、古関は解雇を免《まぬが》れていたのである。

だが、その古賀が紆余曲折《うよきょくせつ》の末、「テイチク」へ移籍する。昭和九年（一九三四）のことである。

いよいよ古関は、追いつめられていた。

限界である。

ヒット曲を出さなければ、本当に〝お払い箱〟である。

そんな古関に、ようやく運が向いてくる。

古賀がテイチクに移籍した年、

「古関さん。ここはひとつ、二人で何かヒット曲を作ろうじゃありませんか」

声をかけてきたのは、作詞家の高橋掬太郎《たかはしきくたろう》（一九〇一～一九七〇年）であった。

高橋は、あの『酒は涙か溜息か』を作詞した人物だ。だが、古賀がコロムビアを辞めて以来、ヒット曲の歌詞が書けず、言ってみれば、古関と同じ「社内の針の筵《むしろ》」の上にいる身の上だった。それでも彼は、古関のメロディに一目置いていた。

古関が、この申し出を喜ばないはずがない。

「それはありがたい！　ぜひコンビを組みましょう」

「それについては、ひとつ提案があるんだ。二人で、どこかに旅行して『東京にはない風情のある流行歌』を作るインスピレーションを共有するというのは、どうだろうか」

元々が、故郷・福島の美しい景観をいつも心に宿し、それを心の支えとしてきた古関である。この提案に大賛成した。

「それはいい。では、どこに行きますか」

「お互い、会社に無理は言えない立場だ。そう遠くには行けないね」

そこで、二人であれこれ相談した末、水郷で有名な茨城県の「潮来《いたこ》」へ行くことにした。日帰りの質素な小旅行である。

そして、この旅行は大成功だった。

土浦《つちうら》から、地元の安い船に乗り、船上で風に吹かれる。乗客は、二人のほかに地元の人間が数人だけ。わびしい船旅の中で二人は、素朴で、それでいてゆったりとした甘い感慨にひたったった。

帰京後、一週間ほどして、

「できたよ、古関さん」

と言って、高橋が嬉しそうに、歌詞を持ってきた。甘くて切ない叙情詩である。

「おお、これはすばらしい」

古関は、歌詞を見るなり頭の中で、メロディが、湯水のように湧いてきた。二人のイメージは、ピッタリ合っていたのだ。

「間奏には、尺八を使いましょう。ローカルな哀愁が生み出せますよ」

古関は、編曲者にとくに、こんな注文も入れた。古関のイメージは、じつに確固たるものとなっていた。

こうして、ついにできあがったレコードが『利根《とね》の舟唄』である。

そして、これがなかなかのヒットとなった。

古関は、コロムビア入社以来ついに、ヒット曲を生み出せたのだ。

これに気をよくした二人は、翌年の昭和十年（一九三五）にもコンビを組んで、レコードを出した。

これまた、やはり船旅がテーマとなった曲で、タイトルは『船頭可愛《せんどうかわい》や』。

この曲は、哀愁ただよう小舟の旅をイメージした『利根の舟唄』に比べて、大海を行く漁船の明るいイメージで作り上げた曲である。

コロムビアは、この曲を新人歌手の「音丸《おとまる》」という女性のデビュー曲として、大々的に売り出すことにした。

だが、音丸は、抜群の美声の持ち主だったものの、出自が下駄屋の娘で、正式な音楽の教育は受けていない。なにしろ当時は、楽譜さえ満足に読めなかったのだ。

「古関君。彼女をヒット歌手に仕上げてくれたまえ」

会社の命令で、古関は、音丸に付きっ切りで稽古をさせた。その甲斐《かい》あって『船頭可愛や』のレコードは、発売以来ジワジワと人気が上がり、ついに『利根の舟唄』を超える大ヒット曲となった。

街には、いつもどこからか、この『船頭可愛や』が流れ聞こえていた。街を歩く古関は、自らが手がけた曲を多くの人々が口ずさむ光景を見て、感激した。流行歌を作る喜びを、初めて心底実感した。

さらに、実生活面でも、嬉しいことがあった。

コロムビアが『船頭可愛や』の大ヒットを高く評価し、本来、入社時に先払いとしていた印税はそのままに、さらにそこから上乗せして、『船頭可愛や』の印税を一枚目分からすべて支払ってくれたのだ。

「これで、金子さんにも、ようやく楽をさせてあげられる」

古関は、それが一番に嬉しかった。

ここで、余談を一つ。

こんな古関夫婦の仲睦まじさは、業界でも有名であった。

ちょうどこの頃のことだ。古関夫婦は、国技館《こくぎかん》の相撲《すもう》に誘われた。ところが、同じ枡席《ますせき》に招待されていた世界的オペラ歌手の三浦環《みうらたまき》（一八八四〜一九四六年）とそのお弟子が、女性ながら二人とも大柄な体格だったので、枡席はぎゅうぎゅう詰め。

そこで古関は、金子に、

「金子さん、僕の膝にお乗りよ」

と言い、まるで子供を膝に乗せるようにして、金子を抱っこして相撲観戦を楽しんだ。

当然、金子のほうも、ためらいも恥じらいもなく、夫の膝の上に乗る。衆人環視《しゅうじんかんし》の前で、夫婦で抱きつかんばかりにくっついたのである。

金子は後年、この時のことを思い出しては、

「環先生、相撲のあいだ、チラチラと私たちのことを見ていたわ。なんだか、羨《うらや》ましそうだったわ」

と、楽しげに語ったという。

『六甲おろし』

日本のプロ野球は、まず昭和九年（一九三四）に「大日本東京野球倶楽部（現・読売ジャイアンツ）」が創設されてアメリカ遠征を果たし、翌昭和十年（一九三五）に「大阪タイガース（現・阪神タイガース）」が創設。東西両チームの激突という形で、幕を開ける。

大阪タイガースには、創設まもなく球団歌を作ろうという動きがあり、歌詞がまず先にできあがった。そして、その歌詞をコロムビアに託して、曲作りを依頼した。

「野球の曲なら、古関だろう」

社内では、かつての『紺碧の空』や『日米野球行進曲』の作曲の実績から、古関に白羽の矢を立てた。

この頃の古関は『船頭可愛や』の大ヒットで、作曲に自信満々だったから、大乗り気で、この依頼を引き受けた。そして生み出されたのが、今日『六甲おろし』の通り名で野球ファンに親しまれている『大阪タイガースの歌』である。

この応援歌をバックにタイガースは快進撃を続け、ついに宿敵だったジャイアンツの大エース・沢村栄治《さわむらえいじ》を打ち崩して、昭和十二年（一九三七）、日本一の座に着いた。

ちなみに、読売ジャイアンツの応援歌としては、戦後の昭和三十八年（一九六三）に『巨人軍の歌──闘魂こめて』が、生み出される。序章でも触れたが、これまた古関の作曲であった。

『闘魂こめて』が球場に響くようになってから、ジャイアンツは無類の強さを発揮するようになり、翌々年から前人未踏の「V9」時代を築き上げる。

古関の、日本プロ野球への貢献は、じつに大きいものなのである。

『大阪タイガースの歌』が奏でられ始めた頃、国内はまだ、平和の中にあった。

不況にあっても、人々の暮らしにはまだ笑顔があった。

だが、時代は着実に、暗雲が漂《ただよ》いはじめていた。

昭和十二年（一九三七）、七月。盧溝橋《ろこうきょう》事件勃発。

我が国は、国民の知らぬまに着々と泥沼の戦時に突入する。

第三章　戦争の足音

『露営《ろえい》の歌』

昭和十二年（一九三七）頃、生活がすっかり安定した古関《こせき》夫妻は、旅行の計画を練っていた。行く先は、「満洲《まんしゅう》」である。

満州には、金子《きんこ》の兄と妹が暮らしている。そこで、

「久しぶりに会いたい」

との金子のたっての希望で、この計画を立てたのだ。

当時の満州はまだ、日本の強引な統治によって、一見、穏やかで豊かな土地であった。二人には何の憂慮もなかった。

この年は、上の娘の雅子《まさこ》が五歳、下の娘の紀子《みちこ》が三歳である。二人とも幼く、長期の旅行へ連れていくのは無理だろうと、親類に預けていくことにした。

言ってみれば、後《おく》れ馳《ば》せながらの、夫婦水入らずの「新婚旅行」である。

さて、旅行の準備もすっかり整い、いよいよ出発という時である。盧溝橋《ろこうきょう》事件の報《しら》せが、国内にも伝わってきた。満州は、戦地へと様変わりしつつあった。

「義兄《にい》さん、姉さん。満州駐屯の陸軍と中国の反乱軍が、衝突したそうですよ。

今、満州に行くのは危険ですよ」

　金子の弟が、心配して旅行を止めた。だが、なにしろ肝《きも》の据《す》わっている金子である。

「平気よ。せっかくここまで準備したのに、兄さんたちに会えないなんて悔しいわ。ねぇ、あなた」

　金子の屈託ない笑顔に、古関も妙な安心感が持てた。そこで、計画どおり出発した。

　当時は民間の航空機などないから、海路である。大連《だいれん》港に着くと、その自由貿易港の活力ある光景に、古関は、エキゾチックな感動を覚えた。

　そこから、我が国の植民地政策の中で、おそらく〝唯一の成功例〟と言えるであろう「満州鉄道（通称・満鉄《まんてつ》）」に乗り、奉天《ほうてん》へ。さらに、新京《しんきょう》へ向かい、そしてハルビン……と、三週間の大旅行であった。

　二人は、旅の最後に、あの日露《にちろ》戦争の激戦地・旅順《りょじゅん》を訪れた。

「ここの戦いに、私の父も参戦したんですよ。幸い、生きて帰れましたけれど……」

　金子は、その古戦場を目の当《ま》たりにして、それまで見せたことのない神妙な面持《おもも》ちで、つぶやいた。

古関も、子供の頃から聞かされていた「二〇三高地」の激戦跡を見学し、

「戦争は、恐ろしいものだね……」

と、誰に言うでもなく、つぶやいた。

乾いた大地に夏草が揺れる。

日本人の観光客目当てなのだろう。地元の貧しい家の子供たちが、戦場跡から掘り出した弾丸の破片を売っている。その姿が、何か痛々しく、物悲しかった。

三週間の楽しい旅の思い出が、すべてかすんでしまったようだった。

大連港に戻り、帰国の客船に乗った。

「金子さん。君、お兄様と別れる時、泣いていたね」

「ええ。なんだか、もう二度と会えない気がして……」

穏やかな旅行の中にも、二人は、確かに戦争の足音が聞こえてくるのを、ずっと感じていたのである。

そして、帰路の二日目。

「古関様。本国から電報です」

船のボーイが届けてくれた一通の電文。「何かな」と開くと、コロムビアからで

ある。

「至急、作曲を頼みたい歌詞あり。神戸まで乗船せず、急ぎ門司《もじ》で下船し、そこから特急で上京されたし」

ずいぶんと急な仕事の依頼である。

とにかく会社の指示どおり、九州福岡県の門司港の土を踏むや、すぐに特急列車に乗車し、東京へと向かった。それでも、十数時間はかかる列車旅である。

車内で新聞を開くと、我が国の満州侵攻を鼓舞するための戦時歌謡が、一般公募されていたことを知った。『東京日日新聞（現・毎日新聞）』の企画である。新聞には、その入選作の歌詞が、第一席から佳作まで、載っている。

古関は、それらをながめているうち、第二席の歌詞に選ばれた作品に、目を奪われた。

勝って来るぞと　勇ましく
ちかって故郷《くに》を　出たからは
手柄たてずに　死なりょうか
進軍ラッパ　聴くたびに

瞼《まぶた》に浮かぶ　旗の波

「なんて哀愁のある歌詞だろう。出征兵士の、国に残す人への心配りや名残《なごり》を歌っている。勝つことを誓いながらも、戦争の厳しさや辛さが、確かに込められている」

古関は、誰に頼まれるでもなく、東京行きの車内で五線譜を取り出すと、曲作りを始めた。

古関の胸にあったのは、あの日露戦争の激戦地・旅順の光景である。

そして、子供の頃から口ずさんでいた、日露戦争当時に流行《はや》った軍歌の『戦友』（明治三十八年〈一九〇五〉）である。

「あの歌もまた、ただ猛々しい戦争賛美だけの内容ではない、兵士の郷愁や友情。そうした『人としての心』が込められた歌だったな」

古関は、五線譜を見つめながら、そんなことを思った。そして、たちまちのうちに、目を奪われた歌詞の曲を列車内で書き上げた。

「こんな曲ができたよ」

古関は、できたばかりのこの歌を、金子に歌って聞かせた。

「兵隊さんをお見送りする歌ね。なんだか、勇ましいけど、悲しくて、でも、美しい曲だわ」

女性である金子は、戦争にあっても戦場へ出ることはなく、いわゆる「銃後の守り」として、男たちを見送る立場である。それだけに、「勝って来るぞと　勇ましく」のフレーズには、男の古関とはまた別の感慨を持ったようである。

金子もこの歌をすぐに覚えて、車内で夫婦二人、一緒に口ずさんだ。

ようやく東京駅に着いた古関は、金子と別れて、そのまま単身コロムビアに向かった。

「おう、古関さん。ようやく帰ってきてくれた」

コロムビアのディレクターは、待ってましたとばかりに、急《せ》いて古関を出迎えた。

「じつは、東京日日新聞の懸賞応募の戦時歌謡のレコードを、うちで作ることになってね。第一席の歌は、もう吹き込み済みなんだ。それで、古関さんには、B面に吹き込む第二席の曲を、急いで作ってほしいんだ。北原白秋（一八八五～一九四二年）先生らに頼んで『露営の歌』というタイトルを付けてもらった歌なんだけど……」

ここで古関は、「あ」と小さく叫んだ。

何か運命的なものを感じた。

「それなら、もう作りました」

「えっ？」

事情を何も知らないディレクターは、驚くばかりである。

早速、担当予定の歌手や関係者の前でお披露目すると、皆が大絶賛である。古関は、帰宅後すぐに五線譜を前にすると、前奏と後奏も一気に書き上げ、わずか二、三日で、吹き込みまで漕《こ》ぎ着けた。

コロムビアも、この歌にはヒットの予感がしていたのだろう。コロムビア所属の男性歌手を総動員して吹き込んだ。そして、猛スピードでレコードの生産に取りかかり、八月には、商品が完成した。

そして『露営の歌』は、B面の歌ながら、未曾有《みぞう》の大ヒットとなった。

日本男子の勇気。

その裏に隠された優しさ。

出征する別れの辛さ。

それでも再会を期する希望……。

そんな切なくも美しい日本人の心が、調べとなった曲だったのだ。

当時、国内の陸軍部隊は、次々と大陸へ出征していった。全国どこの駅でも、出征兵士を見送る人々の群れが見られ、皆が日の丸の小旗を振りながら『露営の歌』を合唱した。

戦地では、兵士たちが蓄音器の前で肩を組み、レコードをかけながら『露営の歌』を歌った。

福島の母から、手紙が来た。

「婦人会で出征兵士の見送りに行くと、皆が小旗を振って、おまえの作った歌ばかり歌います。近所の人々も『息子さんの作った歌ですってねえ』と声をかけてくれたりして、なんとなく晴れがましい気持ちです」

古関は、素直に誇らしかった。

日本中の人々が、この戦争の勝利を信じて、その想いを込めて『露営の歌』を歌ってくれている――と。

こののち、古関は追い立てられるように数多くの戦時歌謡を作曲していく。『愛国の花』『暁《あかつき》に祈る』『海の進軍』……。

古関は、我が国の戦いを正義と信じていた。

戦地へ

昭和十三年（一九三八）、夏の終わり頃。

古関は、戦地へと赴《おもむ》くことになった。

もっとも、兵士としてではない。「丙種《へいしゅ》」の古関が、今更、軍人になれるわけもない。

「中支《ちゅうし》派遣軍報道部から、従軍と実戦を体験してもらいたい。——との要請が来た」

と、コロムビアより連絡があったのだ。

つまりは、音楽関係者による慰問団である。

当時は、画壇や文壇からも、こうした実戦地への派遣が進められ、彼らは、その体験をもとに、帰国後に「国威発揚《こくいはつよう》」の作品を作り出していた。

無論、直接に銃を握るわけではない。が、戦地へ赴くとなれば、生命の保証はない。

それでも、古関は、

「行こう」

と、会社の通知を受けるや、すぐに決心した。

自分が作った『露営の歌』に送られて大陸へ向かった兵士たちの苦労を察する時、その肝心の自分ばかりが安全な国内にとどまっていることに、古関は、後ろめたさを持ち続けていたのである。

コロムビアが編成したチームは、作詞家が二人に作曲家が三人の、計五人。作詞家の中には、あの『紺碧の空』の作曲家選びで早稲田《わせだ》の応援団ともめた教授の西《さい》条八十《じょうやそ》もいた。奇妙な因縁である。

西条と古関以外の三人が、まず列車で出発し、残った二人は、飛行機で博多《はかた》へと向かった。古関にとって、初めての飛行機体験である。

「古関さんは、飛行機は初めてですか？」

西条が笑って、こう聞いた。機内での古関の顔が、ずいぶんとこわばっていたからだ。

「ええ。なにやら空を飛ぶというのは、足下がおぼつかなくて、嫌《いや》なものですね」

「はは。大丈夫ですよ。我が国の飛行機は世界一です」

このフライトで、古関と西条は親密な仲になれた。

博多で合流した五人は、そのまま飛行機で上海《シャンハイ》へ。そして、そこから列車で南京《ナンキン》へ向かった。その次には船で揚子江を進む。芸術家にとっては、なかなかの強行軍である。

船中では、沿岸から中国軍の砲撃を受けて寿命が縮む思いもしたが、なんとか目的地の九江《きゆうこう》で、無事に下船できた。

九江では、先発の「文壇」チームの面々とも顔を合わせた。その中には、作家の久米正雄《くめまさお》（一八九一〜一九五二年）や石川達三《いしかわたつぞう》（一九〇五〜一九八五年）もいた。

「お互い、遠くまで来ましたなあ」

「なに、お国のためですよ。兵隊さんの方々のご苦労に比べれば、我々なんぞ楽なほうです」

古関たちは、互いを鼓舞し合い、慰問のために、駐屯している陸軍の部隊を回った。

粗末な造りの陸軍病院を訪れた時のことである。ちょうど軍楽隊が、負傷兵たちのために演奏をしていた。急ごしらえの野外ステージである。

「どうぞ、皆さんもお聴きください」

古関たちは将校にいざなわれ、ステージのかたわらに置かれた椅子に腰掛けた。兵士たちは、筵もない野外に腰を下ろし、軍楽隊の演奏に耳を傾けていた。そんな席でも、誰もが、しばしの憩《いこ》いの時を楽しんでいた。

そして、数々の軍歌や戦時歌謡が奏でられ、演奏会もフィナーレを迎える頃になると、まさしく〝大トリ〟の曲よろしく『露営の歌』の大合唱となった。

古関は、感無量だった。

と、その時、第一番が終わるや、

「古関さん、ちょっと」

と、軍楽隊の隊長が古関に声をかけてきた。

「どうぞ、ステージに上がってください」

「え」

古関には意外な申し出である。しかし、言われるままにステージに立つと、隊長は兵士たちに古関を紹介した。

「皆さん。皆さんの力強い歌声に応えようと、我々軍楽隊も心を込めて演奏いたしました。ところで、皆さんが愛してやまない、この『露営の歌』。哀調と力強さを併《あわ》せ持った旋律。この曲をお作りになった作曲家の古関裕而先生が、なんと本日、慰問に来てくださったのです。ご紹介しましょう。古関先生です」

兵士たちは「うおーっ」と、歓喜の声を上げた。拍手喝采《かっさい》である。

古関は、ステージの中央に立たされると、深々とお辞儀した。

「皆様。ただいまご紹介に与《あず》かりました古関でございます」

まず、こう挨拶して顔を上げた。

その瞬間、古関の目に入ってきたものは……。

酷暑の炎天下で、汗と埃《ほこり》まみれになり、どす黒く日焼けして、日々の戦いに疲れ、やつれて目もくぼみ、それでも、失望することなくじっと前を向く負傷兵たちの顔である。

古関の胸中に、稲妻が走った。

なんて崇高な、健気《けなげ》な人たちなんだ。

この人たちの誰もが『露営の歌』に送られて、こんなところまでやってきた。ここにいる誰にも、本国で帰りを待ちわびている人がいるのだろう。けれど、この中の何人が、果たして帰ることができるのだろうか……。

そんな想いが、ワッと胸にこみ上げてきた。

「皆様。まことに、まことに、ご苦労様です……」

やっと、そこまで声に出せた。が、あとは一言もしゃべれなかった。古関はそのまま立ち尽くし、無言のままの数秒が過ぎた。

古関は、着ていた国民服の胸ポケットからハンカチを取り出すと、それを目にやった。

涙が止まらなかった。

古関はそのまま、人目をはばからず号泣した。必死に声を押し殺して。

やがて、静まり返っていた兵士たちの中からも、すすり泣く声が聞こえてきた。

涙を流しながら、しっかりと目を見開いて前を向いている者。耐え切れず、うずくまる者。

演奏会の会場は、この時、確かに一つになった。

死の覚悟

九江には数日、滞在した。

そのあと、次の慰問地である星子《せいし》という小さな街へと向かった。駐屯部隊も小規模ではあったが、ここでも、古関たちは大歓迎を受けた。

「戦死者の墓が、近くにあるそうだ。参っていこう」

西条の発案で、コロムビア音楽慰問チーム皆で、トラックに揺られて墓地へと向かった。

戦場には、線香など持っていかない。煙草が、線香の代わりである。皆で、煙草をくわえて火を点《つ》けると、それを墓の前に立てて、手を合わせた。

こうして星子に戻った、その日の夜半である。

「敵襲！」

との声で、皆は飛び起きた。

「廬山《ろざん》より、敵、四万。こちらへ向かっているようです。全部隊は、これに応戦します」

警護役をしてくれていた下士官が、状況を説明してくれた。

「どうしますか？」

一人が、リーダー格の西条に聞いた。

音楽家ばかりの慰問団が、戦力になるわけもない。

西条が、皆の顔を見た。

「僕たちは、気高い芸術の仲間だ。見苦しい姿は、最期まで見せてはいけない。どうだろうか、皆」

古関もほかの者も、無言でうなずいた。皆が死を覚悟した。

西条は、持っていた拳銃を下士官に手わたした。

「敵が押し寄せてきたら、どうかこの銃で、私たちを撃《う》ち殺してください。私たち音楽家は、銃を持てません。足手まといには、なりたくありません。あなたは、私たちを殺したそのあとで、戦いに行ってください」

「皆さん……」

下士官は少し躊躇《ちゅうちょ》した。が、大きくうなずいて西条から拳銃を受け取った。

「僕の天命も、ここまでか」

そう思った時、目前に金子の笑顔が見えた気がした。

「金子さん。君なら、大丈夫だよね。娘たちを頼むよ」

心の中で祈った。

金子の姿が、だんだんにじんできた。涙があふれてきたのだ。

遠くから、銃撃の音が響いてくる。

「ここは手薄ですから、応戦はできません。いざという時までじっとしています」

銃を握った下士官が、厳しい目で、こう教えてくれた。

やがて、夜が明けた。

敵は、ここまでは来なかった。

白々とした日の光が大陸の大地を照らした。

「美しい」

古関は、今更ながら自然の美しさに感動した。その想いが、自分でも妙な気がした。

しかしながら、元来が身体の弱い古関である。この時期、赤痢《せきり》を患《わずら》ってしまう。

「古関さん。帰ろう」

西条にも、コロムビアで差し迫った仕事が待っていた。

こうして西条と古関は、帰国の途に就いた。

真珠湾《しんじゅわん》、強襲

帰国後、古関は病《やまい》を癒やすと、再び作曲生活に戻った。

『船頭可愛や』は、相変わらず人気のロングラン曲として、街に流れていた。

だが、戦局はますます泥沼化していった。

昭和十四年（一九三九）。

あの「ノモンハン事件」が起こる。日本陸軍は、現地で、ほぼ全滅状態の壊滅的な打撃を受ける。

だが、軍部による言論統制・情報操作が敷かれていた本国では、正しい情報が流れることはなかった。

昭和十五年（一九四〇）。

古関は、自分でも「快心の作」と述べる名曲を、発表した。

それが『暁に祈る』である。

この曲は、戦意高揚のための映画の主題歌として依頼されたものだ。歌詞が先に完成し、古関がそれを受けて曲を作った。

この歌詞を見た瞬間、古関には、あの九江の慰問で見た兵士たちの顔が心に浮かんだ。故郷を慕う兵士たちの、潤《うる》んだ瞳の光が、確かに見えた。

戦地の兵士たちの心が、我が心と一体となったような気がした。

たちまちメロディが湧き出て、五線譜に向かって一気呵成《いっきかせい》に、曲を書き上げた。

『暁に祈る』は、肝心の映画のほうはあまりヒットしなかったものの、この主題歌は大ヒットとなった。

国民の誰もが、戦地にいる父や息子、兄や弟へ想いを馳せて、この曲に耳を傾け、あるいは大声で合唱した。

そしてついに、運命の昭和十六年（一九四一）が、やってきた。

戦局はますます厳しくなり、国内も騒然としてきた。小学校は「国民学校」と改名され、食料も配給制になり、誰もが、戦争の厳しさをひしひしと感じていた。

「きっと大丈夫。生きていけるわよ」

沈痛な思いで日々を送る古関に、金子は努めて笑顔で、こう語りかける。

金子は「勝てる」とは言わない。ただ「生きていける」と言う。でも、その言葉には、力強い自信が満ちあふれていた。

同年十二月八日。

日本海軍は、真珠湾を強襲。この日のために訓練に訓練を重ねてきた海軍航空隊の攻撃は的確かつ、すさまじく、戦果は大勝利を収めた。

太平洋戦争への突入である。

その翌々日、古関はコロムビアの社内にいた。社内の廊下に設置されたスピーカーから『軍艦マーチ』の前奏が流れ、大々的に戦果が発表された。

「北上中の英国の誇る不沈戦艦プリンス・オブ・ウェールズとレパルスを、マレー半島東岸クアンタン沖で発見。我が海軍航空攻撃隊は、これに雷撃と爆撃の波状攻撃を行い、ついに二艦を撃沈せり！」

この放送が流れた途端、

「うおーっ」

「やった！　やった！」

と、社内が大歓声に包まれた。古関も、大喜びだった。

「これは……勝てるかも知れない」

大陸で辛酸《しんさん》を嘗《な》めている兵士たちの苦労も、報われるかも知れない。

と、そこへいきなりの電話。社内の歌謡曲部門の担当者からである。

「今夜七時のニュースに、この戦果を歌い上げた曲を流します。至急、取りかかってください。歌手は、藤山一郎君を押さえています。作詞家は、誰がそこにいます？　高橋掬太郎さん？　結構です。頼みます。作曲家は？　古関さん？　それは好都合だ。すぐに作曲にかかってください」

『船頭可愛や』以来の、高橋とのタッグである。

さあ、それからが大忙しである。なにしろ、マイクの前で演奏するまでには、せいぜい三時間くらいしかない。

古関は大急ぎでメロディを作り、それを高橋にわたす。このへんは、名コンビならではの「あ、うん」の呼吸である。

高橋が歌詞を練っているあいだに、古関は編曲を考える。弦用、木管用、サックス用……と、次から次へと五線譜を埋めていく。

そのあいだにも、

「この言葉を入れたい」

「これは、曲に乗るかな」

と、高橋が、しきりに相談してくる。

そして、スッタモンダの挙げ句、ようやく完成。なんとか放送に間に合った。

スタジオに飛び込むや、

「藤山君。頼むよ」

と、楽譜と歌詞をわたす。そこは、天才歌手の藤山一郎である。たちまちのうちに曲を正確にイメージして、歌い上げた。リハーサルは、たったの一回。

こうして、真珠湾強襲の翌々日の夜、ラジオから流れたのが『英国東洋艦隊潰滅』である。

我が国の未来を照らすような、明るく勇ましい歌だった。

放送は大成功だった。「よかった、よかった」と、関係者皆で喜んだ。

その晩、古関は上機嫌で帰途に就いた。

この頃は、すでに「灯下管制《とうかかんせい》」が敷かれており、夜の東京は暗かった。それでも古関は、ついさっき放送された自作の曲を口ずさみながら、冬の夜風も気にせず、歩み続けた。

その足取りは、軽やかだった。

こうして昭和十六年（一九四一）は、暮れていった。

戦地慰問の日々

そののち、日本軍は、東南アジア方面へ、戦地を次々と拡大していった。

昭和十七年（一九四二）――日本軍は、フィリピンのマニラを侵攻。続いて、ビルマ（現・ミャンマー）のラングーン（現・ヤンゴン）を陥落《かんらく》させ、さらに、ニューギニアへと進撃した。

だが、六月の「ミッドウェー海戦」で、海軍は大敗北を喫《きっ》する。戦局はいよいよ厳しくなり、戦地はどこも兵力が不足していた。

元来が、我が国の国力には〝手に余る〟戦線の拡大だったのである。

一般市民の男性の多くが「赤紙（赤い色に染めた紙の召集令状）」一枚で軍に招集されていった。そして、地元の駅から列車に乗って戦地へと向かっていった。

駅のホームでは、毎日のように『露営の歌』が合唱された。そして、その歌は戦地へ向かう人々を鼓舞し、あるいは不安を慰めた。

この年には、食料はおろか食塩さえ配給制となり、衣料も切符制となる。

古関家では、食べ盛りの二人の娘を抱えて、金子が「子供だけは飢えさせまい」と必死だった。配給所に並んで得たわずかな食料を、いろいろと工夫して、少しでも〝かさ増し〟し、食卓を賑わせた。金子と娘たちの明るい笑顔だけが、古関の救いだった。

この間も、古関は会社に命じられるまま何曲もの戦時歌謡を作曲した。古関の作った音楽は、あるものは軽快に、あるものは哀愁を帯びて、いずれも人々の心を癒やしていった。

その年の秋である。

今度は、日本放送協会（現・NHK）が、南方の戦地へ慰問団を派遣する計画を立てた。演奏家や歌手といった音楽関係者ばかりでなく、舞踊家や落語家など、多くの芸術家が集められた。

古関も、その団員として選抜された。

楽団の指揮とともに、現地での新曲作り、そして東南アジアの民俗音楽の研究といった学術的な仕事も任された。

「今度の慰問先は、とにかく広いよ。長期戦になりそうだね」

古関は、残していく家族が心配だった。だが、金子は古関の不安を察し、それを払拭《ふっしょく》しようと、努めて笑ってみせた。

「うちのほうは、大丈夫ですよ。『隣組』の皆さんも、親身になってくださいます。私たち三人だけというわけではありません」

いわゆる「隣組」は、戦時中の国令により結成された地域組織である。昭和十五年（一九四〇）に制度化され、近所の十数軒で構成される。つまりは、当時の「戦争総動員体制」の最末端組織である。

食料配給の協力や、いざという場合の住民動員の訓練。兵士の見送りや国威発揚のための決起集会……などなど、日常的な「ご近所付き合い」が制度化されたものだ。

金子は、持ち前の行動力で「隣組」の活動でも積極的に先頭に立ち、リーダー的な立場になっていた。「隣組」の皆が、金子を信頼し、頼っていた。「隣組」の活動においても、彼女の周りはいつも活気と笑顔が満ちていた。

古関も、それはよく知っている。どちらかと言えば、気が小さくて人見知りで、知己でない者とは簡単に打ち解けられないタイプの古関である。金子の行動力と、他人との交流を容易になせる社交性には、常日頃から感心し、感動さえ覚えていた。

「そうだね。金子さんがいてくれれば、うちは心配ないね」

古関は、ようやく笑顔になれた。金子と添えた運命を、心底ありがたいと思った。

慰問団は、十月に大阪湾から軍船で出港。台湾を経由して、さらに南下する。その航海中も、

「敵の潜水艦の攻撃があるかも知れない」

と、冷や冷やの日々である。

だが、人間とは、そんな生命の危険と隣り合わせの状況でも、慣れてくると存外

平気になれるものである。古関たちにとっては、生命の危険より船内での食事の不味《まず》さのほうが、大問題だった。

「またクジラの肉だよ」

「この臭みはもうこりごりだ」

今日では希少食材として珍重されているクジラである。だが、戦中から敗戦後しばらくは、ブタやトリ、ウシのほうが手に入りにくかった。当時は、一般的な動物タンパク源としてクジラが重宝されていた。

しかし、ろくに調理されていないクジラ肉の料理は、そうそう旨いものではない。

さて、上陸後はシンガポール、ビルマへ。さらに、首都ラングーン、そして、マレー半島へ。慰問団の旅は、果てしなく続く。

娯楽などない戦地では、どこでも慰問団は大歓迎された。古関たちも、兵士を、せめて少しでも慰めたいと日々努めた。

マレー半島のペナン島に着いた時、

「おい。あれを見てみろよ」

なんと、東南アジアには不似合いの門松《かどまつ》が、飾ってある。

「今年も、もうすぐ終わりなんですね」

一行は、その門松に込められた日本兵たちの郷愁の念に、強い共感を覚えた。

慰問地へ着くと、そのたびに、

「本国からです」

と、慰問団員それぞれに、手紙が届けられる。古関には、そのつど金子からの手紙が手わたされた。

「こちらは皆、元気です。娘たちは、あなたの作った歌を毎日大声で歌っています」

手紙の内容だけだと、さも元気で楽しそうな暮らしをしているかのように、読み取れる。無論、古関に心配をかけさせまいとする金子の配慮である。実際は、毎日、満足な食事もできずに苦労も多いはずだ。けれど、愚痴《ぐち》めいたことは、一言半句も書いていない。

古関も、それはよく分かっている。

「シンガポールでは、頼まれて新曲を作りました。演奏すると、皆が喜んでくれました。お土産をたくさん持って、もうすぐ帰ります。子供たちに、そう伝えてください」

古関もまた、慰問団の日々を、できる限り明るく楽しげにしたため、返事をした。

明けて昭和十八年（一九四三）、二月。

ようやく古関は、帰国の途に就いた。

船は客船ではあったが、すぐにも軍艦に改造できるように大砲を積んでいる。そして、暗い船倉には、日本軍の捕虜となったオランダ軍の将校たちが捕らえられていた。

「一日中、陽《ひ》の当たらない船倉に閉じ込められて、さぞ辛いだろうな」

「僕たちは、慰問団だ。戦争の苦渋を味わっている兵士たちを慰めるために、この旅に出た。その相手は、敵も味方も関係ない。そうじゃないか、皆」

誰が強く提案するでもなく、船倉の捕虜たちのために音楽を演奏することになった。

指揮は古関である。楽譜はないが、思い出せる限りの海外の曲を演奏した。捕虜たちは嬉しげに耳を傾けた。

やがて歌手が、捕虜たちの知っていそうな海外の民謡を歌うと、捕虜の中の一人が立ち上がって、合唱し始めた。

その歌声は、敵味方の区別を越え、美しいハーモニーとなって船内に響いた。

歌い終わると、捕虜たちからも、船内の日本軍将兵たちからも、拍手喝采が起こった。

「音楽に国境はないんだ」

古関は、密《ひそ》かにそうつぶやくと、

「この時の思い出を決して忘れまい」

と、心に誓った。

後年、その彼の想いが正しかったことは、昭和三十九年（一九六四）の東京オリンピックの行進曲『オリンピック・マーチ』という形で、古関自らが証明することになる。

二月下旬。

ようやく長い慰問の旅が終わり、船は広島に着いた。そして、懐かしい東京へ。

「お父様だ！」

東京駅には、家族が出迎えに来ていた。娘たちが飛びついてくる。金子は優しく微笑《ほほえ》んで、

「お帰りなさいませ」

と、頭を下げた。

古関にとって至福の一瞬だった。

三度目の慰問旅行

帰国後、古関はまた旺盛な創作活動に入った。国内では戦意高揚のため、勇ましい曲が、ひたすら求められた。

昭和十八（一九四三）、五月。

海軍航空隊の歌を、コロムビアは軍から発注された。

東宝が制作する戦意高揚映画『決戦の大空へ』の主題歌と挿入歌《そうにゅうか》である（この映画については、第五章で後述する）。

そこで、軍に求められるまま、作詞家の西条八十と古関は一日体験入隊をして、その体験をモチーフに曲を作ることになった。

こうして生まれたのが名曲『若鷲の歌』である。

古関の作った曲は勇壮にして若々しい響きに満ちていた。これも、当時大ヒットし、子供たちが大声で合唱した。

そのほかにも『海を征《ゆ》く歌』『ラバウル海軍航空隊』と、この頃の古関は、今日にも名曲として伝わる何曲もの軍歌や戦時歌謡を、生み出している。

だが、戦局はますます厳しいものとなっていく。軍部は明らかに焦《あせ》っていた。

そして、昭和十九年（一九四四）、一月。

軍部は、起死回生を期して「インパール作戦」の敢行を、華々しく国内に発表した。

当時イギリス領だったインド北東部のインパールを攻略することを目的とする大作戦である。

同時に軍部は、慰問団となる「特別報道班」の結成と派遣を企画する。そして、またもや音楽家として、古関にお呼びがかかった。銃を握らないとは言え、三度目の戦地出征である。

だがこの時、福島の実家で住み込みの家政婦と二人暮らしだった古関の母が、重い病に伏せっていた。古関の父は、昭和十三年（一九三八）に、とうに他界している。

古関には、嫌な予感があった。

「今回は、辞退させていただけませんでしょうか」

古関は、軍部の担当者に必死に頭を下げた。が、無論、当時の軍部が一介の音楽家のそんな〝わがまま〟を許すわけはない。

「貴下のご母堂は、こちらで調べたところ、それほど重篤《じゅうとく》ではないようですな。ご心配には及びますまい」

と、全く取り合ってくれない。

「仕方ありませんよ。きっとお母様は大丈夫ですよ」

金子も、そう慰めるしかなかった。

だが、古関の想いは金子にも伝わっている。夫婦は、互いの不安を察し合いながらも、それを口にはできなかった。

インパール作戦は、同年三月から七月にわたって強行された。が、投入兵力に対して、補給が全く不足することが目に見えていた、明らかに無謀な作戦だった。十分な補給を受けられない日本軍の部隊は、各地で惨敗した。今日、第二次大戦史上「最悪の作戦だった」との評価もある。

古関たち慰問団は、ビルマに入ると、激戦区より後方での待機となった。三度目の出征で、ここ数年にわたって溜まっていた疲れもあったのだろう。母の容体を気遣う心労もあったのだろう。古関は、ここに来て病に倒れた。蚊によって伝染する「デング熱」である。

高熱と身体の痛みに、古関は十日間ほど苦しんだ。この時、不思議なことが起こった。

日本にいて何も知らないはずの金子が、古関が病でベッドに倒れ込んでいる夢を見たのである。金子は、それが「正夢」だと、なぜかはっきり確信した。

「お父様、今ご病気よ。皆で、お元気になるようにお祈りしましょう」

金子は、二人の娘に真剣な顔でこう告げた。家族三人は、懸命に祈った。

遠い日本からのこの祈りが通じたのか、古関の容体は、やがて回復に向かった。

「もう大丈夫でしょう」

軍医も、安心してベッドの古関をいたわった。

だが、この間も最前線から入ってくる情報は、暗いものばかりであった。

戦場の悲惨さはもちろん、雨季に入っていた現地では、河川の氾濫《はんらん》や道路の寸断などが続き、ただでさえ不十分な補給が届けられない。

「これでは、敵と戦う前に我が軍の将兵は、餓死してしまうんじゃないか」

古関たちは、気が気ではない。

さらに、雨季が終わると、敵の攻勢がより激しくなってきた。古関たちのいる街にも、毎日のように爆撃機が襲ってくる。制空権は完全に敵の手に落ちていた。

「空襲！」

の合図とともに、防空壕《ぼうくうごう》に入って息を殺す日々が続いた。

「こんな南方で、母や金子たちを残したまま死にたくない」

古関は、今更ながら、この戦争の無謀さを感じ始めていた。三年前、あの真珠湾の強襲成功を無邪気に喜んだことが、はるか昔の夢のように思えた。

こうしてインパール作戦は、惨憺《さんたん》たる結果のうちに終結した。遅すぎる作戦中止と退却が決定された。

八月。

古関たちも帰国することとなった。

「生きて帰れる。母様。どうか僕が戻るまで、元気でいてください」

けれど、古関のその願いは、無惨に打ち砕かれる。

母の死が、電報で伝えられたのだ。死亡したのは、同年八月五日だったという。

電報を受け取った古関は一瞬、めまいで倒れそうになった。自分の作曲家活動を喜び誇ってくれていた母の最期を、看取ることができなかった。

古関は帰国前、現地の「日本文化会館」に請《こ》われてコンサートを開いた。観客は、軍関係者や領事館の人間、現地の「日本人会」メンバーのほか、現地にいた外国人たちも詰め寄り、七百名ほどである。

古関は、亡き母を慕い、また、この作戦で倒れていった兵士たちの冥福《めいふく》を祈って指揮棒を振るった。

こうして失意のうちに、古関たちは帰路に就いた。

帰国の飛行機に乗る前、軍の参謀長が、

「皆さん、ありがとうございました。皆さんのおかげで、兵士たちはずいぶんと慰められました。現地と日本の結びつきも深められました」

と、礼を述べた。だが、この作戦の大失敗の犠牲は、あまりに大きすぎた。古関は、自分らの無力さを痛感していた。

「いえ。僕らは、大したことはできませんでした」

「そんなことは、決してありません。せめてものお礼代わりです。どうぞ、持っていってください」

参謀長は、慰問団に、できる限りの土産を持たせてくれた。

「古関さんは、酒は駄目でしたね。でしたら、これを」

古関は下戸《げこ》なのである。古関に贈られたのは、五十枚のフランス製チョコレートと、現地で作った五十本の羊羹《ようかん》である。

「こんなに……。ありがとうございます」

古関は、娘たちの喜ぶ顔を思い浮かべ、ありがたく受け取った。

飛行機は、羽田への直行予定である。ところが福岡に着いた時、運悪く空襲を受け、飛行機は飛べなくなった。かくして、福岡から列車で東京へ向かうことになった。

「腹が減ったな……」

列車内で、古関は空腹に耐えていた。食料難の国内では、駅弁までもが「外食券」制で、現金を持っていても、それだけでは買うことができないのだ。

ふと向かいの席を見ると、老婦人が握り飯を頬張っている。自前の弁当なのだろう。

長いあいだ、日本食から離れていた古関である。それを見るなり、食べたくてしようがない衝動に駆られた。

「旨そうだな」

この時ばかりは、家族のことも亡き母のことも、頭からすっ飛んでいた。まこと、人もまた動物。やはり食べることが最優先になってしまうものである。

「ええい、ままよ」

人見知りの古関としては、せいいっぱいの勇気を振り絞って、その老婦人に声をかけた。

「あの……まことに、すみませんが……そのお握りと、私が持っている羊羹を、交換していただけませんでしょうか。『外食券』を持ち合わせていなくて、弁当が買えないのです」

「え、羊羹ですか。まあ、それは……」

老婦人は目を丸くした。それはそうであろう。この時期には、砂糖はことに貴重品で、甘いものなど国内ではとても手に入らないのだ。

老婦人は大喜びして、

「どうぞ、一つと言わず二つお取りください。羊羹なんて、何年ぶりでしょう」

と、親切にも握り飯を二つ、一本の羊羹と交換してくれた。

古関は礼を言って羊羹をわたすや、すぐに握り飯にかぶりついた。

「旨い。日本の米だ」

涙が出そうだった。

だが、そうそう、うまい話があるわけもない。アカの他人に、簡単に声をかけられる古関でもない。

この握り飯のあとは、列車内で空腹になるたびに、ひたすら羊羹をかじって、しのいだ。しかし、甘いものというのは、度重なると嫌になってくるものだ。

「早く金子さんの料理が食べたいな」

どんな粗末な食事でも、金子さんの作ってくれるものが一番だと、古関はつくづく感じた。

こうして、ようやく東京に着いた。帰るとすぐに古関は、

「母のことでは苦労をかけたね」

と、金子に謝辞を述べた。

「いえ。あなたこそ……。きっとあなたは、お母様をきちんとお見送りしたいだろうと思いまして、葬儀は、まだしていません」

金子の気遣いだった。

同年九月五日。郷里の福島で、古関は母の葬儀を執《と》り行った。

母の死から、ちょうど一カ月後のことだった。

悲しみの作曲

古関は、再びコロムビアでの作曲活動に入った。

昭和十九年（一九四四）、十月。古関が作曲したものに『神風《かみかぜ》特別攻撃隊の歌』がある。

「特別攻撃隊？　何ですか、それは？」

注文を受けた古関は、その「特別」の意味が分からなかった。

「海軍の作戦です。敵艦に対して、爆撃敢行をする代わりに、戦闘機ごと体当たりをするのです。これなら、一機の戦闘機で敵艦を一隻、沈められます」

「でも、それじゃあ、戦闘機の操縦士は確実に死ぬことになるじゃありませんか」

「お国のためです」

古関の心に、静かな怒りが込み上げてきた。

無論、戦争は生か死か、である。

慰問団として三度、戦地に赴き、何度も死を覚悟する境地に立たされた古関である。そんなことは、百も承知だ。

しかし、それでも、どんな窮地に立たされても、

「助かるかも知れない。生きて金子さんのもとへ帰れるかも知れない」

という一縷《いちる》の望みがあったればこそ、ここまで乗り切ってこられた。

この戦争に駆り出された誰もが皆、きっと同じ想いのはずだ。人は誰しも、生きたいのだ。「最後には生きて帰れる」というわずかな望みが、自らを支えてくれているのだ。

だが、この海軍の作戦は、そんなわずかな望みさえ、兵士に持たせることを許さないのである。

「……作りましょう」

古関は、引き受けた。

古関の作ったメロディは、これまでのものにないほど哀調を帯びた、静かな曲であった。あの『ラバウル海軍航空隊』や『若鷲の歌』のような勇壮さは、全くない。

「彼らは、ただ死にに行くんじゃない。愛する人や大切な故郷を守るために、飛ぶんだ」

そう自分に言い聞かせ、せいいっぱいの気持ちを込めて作曲した、古関から特攻

隊員に贈るレクイエムだった。

このすぐあとにも、同じく特攻隊をテーマとした曲として『嗚呼《ああ》神風特別攻撃隊』という作品を、古関は手がけている。やはり、その曲調は鎮魂のそれである。

古関は、作曲が嫌になりかけていた。

そんな古関に、追い討ちをかけるような仕事が、舞い込む。

「今度、読売新聞社からの依頼で、国民の戦意高揚を目指した新曲を作ることになりました。軍部の意向でもあります。ついては、作詞を西条八十さん。作曲を古関さんに頼みます」

それは『比島《ひとう》決戦の歌』というタイトルの曲である。

言うまでもなく、昭和十九年（一九四四）から翌年にかけて戦われたフィリピン諸島の攻防戦を指している。日本が占拠していたフィリピン諸島を、連合軍が奪回すべく大攻勢を仕掛けてきた戦いだ。

この戦いで、わずかに余力を残していた日本海軍の連合艦隊は、事実上壊滅させられた。制海権を失った日本軍の兵士たちは、フィリピン諸島に取り残されて、逃げることもできずに、玉砕に次ぐ玉砕。多大な被害を受ける。フィリピンは焦土と化し、多くの現地民間人も犠牲となった。

この曲は、いわばこの戦いの前夜。そんな絶望的な未来をまるで予測できない軍のゴリ押しによって依頼された仕事だった。

制作については、作詞が先になった。西条もまた、あまり乗り気ではなかったものの、なんとか歌詞を完成させた。

ところが、読売新聞社内でこの歌詞を発表した時、西条の歌詞に、担当の軍将校がケチを付けてきた。

「歌詞の中に、敵将のニミッツとマッカーサーの名前を入れて、これを直接打ちのめすような、景気のよいものにしていただきたい」

ニミッツとは、当時のアメリカ軍太平洋艦隊司令官兼太平洋戦域最高司令長官のチェスター・ニミッツ。そしてマッカーサーとは、アメリカ陸軍の元帥で、連合国軍最高司令官のダグラス・マッカーサーのことだ。

だが、これには、西条が強硬に反対した。

「戦争とは、国同士の誇りをかけたものでしょう。悪意のある個人攻撃の言葉などは、入れるべきではありません」

しかし、将校も譲らない。

「何を言うか！　敵が何者かはっきりしてこそ、国民の志気も上がろうというものだ」

両者ともに、にらみ合った。だが、一介の音楽家が軍の意向に逆らえるわけもない。散々にもめはしたが、結局は西条が折れた。

かくして、西条の書いた、

「レイテは地獄の三丁目　出てくりゃ地獄へ逆落とし」

というフレーズは、

「いざ来いニミッツ　マッカーサー　出てくりゃ地獄へ逆落とし」

と、変えさせられた。

このフレーズは、国策にも大いに利用された。東京の丸ビルや有楽町駅にほど近いビルには「いざ来いニミッツ　マッカーサー　出てくりゃ地獄へ逆落とし」と書かれた垂れ幕さえ、掲げられた。

古関もまた、西条と全くの同意見で、この歌詞は気に入らなかった。だが、時勢が時勢である。「仕事」と割り切って、曲を書いた。

しかしながら、半ば以上に軍の無理強《じ》いで作らされた曲である。古関としても、自らの作品に数えたくないような曲だった。

招集

戦時になってから忙しくなったのは、古関よりも金子のほうだった。

隣組の活動。毎日のように出征兵士を送り、防火訓練に明け暮れる。

そして、二人の娘を「飢えさせまい」と食料調達に奔走する毎日。

声楽家を目指して学んでいた日々は、はるか昔の夢のようだった。

けれど、金子は歌を忘れていなかった。

灯下官制で真っ暗な部屋の中、防空壕へは向かわず、金子は、

「今なら誰にも、とがめられまい」

とばかりに、声を張り上げて、好きな歌を歌った。古関がコロムビアに泊まり込まずに家にいる時は、家の質素なピアノで、古関の伴奏も加わった。

暗闇の中、ほんのしばしの、観客が誰もいない夫婦二人だけのコンサート。

それでも、そんな時間が金子にとっては、ほんのわずかな至福の時だった。

「金子さん。そろそろ防空壕へ行かなくちゃ」

「ええ。でも、もう一曲だけ」

そんなふうに嘆願する金子を見て、同じ音楽を志す者同士、自分だけが日々、音楽に携《たずさ》わっていられることが、古関には心苦しかった。

古関が、そんな話をすると、金子は決まって、

「そんなこと、お気になさらず。あなたの音楽は皆の希望なんですから」

と、笑って返す。

だが、時代の流れは、その古関からさえ、音楽を奪おうとした。

昭和十九年（一九四四）の末から、いよいよ東京にもアメリカ軍の「B29爆撃機」による空襲が、本格的に始まる。その攻撃は、日を追うごとにエスカレートしていった。

翌年三月。

なんと、古関にまで「召集令状」が送られてきたのだ。

「えっ、だってあなたは徴兵検査で『丙種』だったじゃありませんか」

金子は、まるで信じられないといった顔で、召集令状を握り締め、それを見つめた。その手は、小刻《こきざ》みに震えていた。

金子の怒りだった。

「もう三回も、慰問団として、お国のために戦地へ行ったあなたですのに……。今

度は、兵隊として引っ張っていくなんて」

だが、実際に戦地に行った古関だからこそ分かる。日本軍は、この戦争で勝てるだけの兵力など、初めからなかった。今や壊滅状態に近い。

「それだけ日本は、切羽詰《せっぱつ》まっているんだよ。僕と同じような身体の弱い者でも、銃を握れるなら、一人でも兵が欲しいのさ」

古関は、あきらめに似た気持ちで、この令状を唯々諾々《いいだくだく》と受け入れる覚悟だった。

古関は、かつて昭和十七年（一九四二）に繰り広げられた「ガダルカナル島の戦い」を思い出していた。

日本軍と連合軍が、ソロモン諸島のガダルカナル島でぶつかった大激戦である。戦局は消耗戦であり、物資の乏しい日本軍は、ほぼ壊滅のうえに惨敗した。そして、その部隊には、故郷の福島県民が多く含まれていた。

その戦死者の中には、古関の従兄弟《いとこ》もいた。

「あの戦いでは、補給がまるで届かなかったという。戦死じゃない。餓死だ」

同郷の者たちの犠牲を思う時、古関は、自分だけが本国に生きてとどまっていることに、後ろめたささえ覚えていたのだ。

ところが、召集令状をあらためて見ると、ビックリである。

「三月十五日　横須賀《よこすか》海兵団に入団せよ」

とある。あと十日ほどしかない。

「じゃあ、あの仕事はどうなるんだ」

じつは、古関は、ほかならぬその海軍から新曲の制作を依頼されていたのだ。

『若鷲の歌』以上の名曲を」と、海軍直々のお達しだった。

「歌詞も届いていないというのに……。入団までに曲ができあがるわけがない」

古関は急ぎ、海軍人事局に問い合わせた。

すると、福島連隊の司令部が、作曲家・古関裕而の事情を知らずに、名簿上にある本名の「古関勇治」を召集対象として令状を発行したと分かった。軍の人事ミスである。

それが分かった海軍人事局は、

「いったん出してしまった召集令状は取り消せないので、とにかく入団してくれ。一週間くらいで召集解除できるように手配する。そのあとで、作曲の仕事に入ってくれ」

とのことである。

この徴兵の実質取り消しに、古関は少々複雑な思いであった。が、やはり心底ではホッとした。金子は無論、大喜びであった。

また、この時期、次女の紀子《みちこ》（当時、十一歳）が疎開先の伊豆でひどい栄養失調になっているという連絡が入った。いても立ってもいられなくなった金子は、急いで迎えに行った。

「東京に戻しては、いつ空襲で死ぬか分かりません。でも、私が側にいてあげられないのは、もっと可哀想です。いったん東京へ連れ戻してから、あなたの故郷の福島へ連れていきます」

母の愛である。古関も反対はしなかった。

こうして、じつに久しぶりに古関家の四人が、一つ屋根の下に揃った。ガリガリに痩《や》せこけた紀子は、それでも父母の側に戻れたことが嬉しくて嬉しくて、大はしゃぎだった。その頬のこけた明るい笑顔が、古関にはかえって不憫《ふびん》だった。

「さぞ、寂しかったろう。辛かったろう」

一刻も早く、東京に比べれば少しでも安全な福島へ連れていきたい。できるならば、家族揃って。

だが、そんな自分の一家だけの〝わがまま〟を通すわけにはいかない。

空襲警報が鳴ると、長女の雅子《まさこ》（当時、十三歳）と次女の紀子だけを防空壕へ避難させる。百五十メートルと、ほんのすぐ近くにある根津山の地下壕である。

「気を付けて、お行きなさい」

娘二人それぞれに、わずかな非常食と着替え、それに教科書を詰め込んだリュックを背負わせて、防空頭巾を被せると、急《せ》かすように送り出す。

金子は行かない。

金子は、隣組での日頃の活躍から「防空群長」を任されていたからだ。焼夷弾《しょういだん》が落ちてきて火災が起きた時には、隣組のメンバーの先頭に立って、消火活動に奔走しなければならない。

金子の活躍は、めざましい。焼夷弾が着弾するや、真っ先に駆けつけ、隣組の皆にテキパキと指示して消火を成功させる。金子の組は、世田谷で一、二の消火成功の成績であった。

「金子さん、スゴいね」

こうなると、大作曲家である古関も〝形無《かたな》し〟である。金子の指示に従って、ヨタヨタとバケツの水を運ぶ役回りだ。

「私たちの家を守るためですもの」

金子は、快活に笑う。古関は、あらためて金子の強さと、それ以上の健気《けなげ》さに、頭の下がる思いだった。

そして、東京に大空襲があった五日後の三月十五日。

古関は、軍との約束どおり、いったん横須賀へ向かった。

隣組の人々が、ほかの出征兵士同様に『露営の歌』で見送ってくれた。自作の曲を背中に受けるのは、不思議な感覚だった。

古関を招集したのは海軍だから、入団してからはデッキ磨きの毎日である。ハンモックで眠るのも訓練の一環で、なかなか寝つけるものではない。この期間は、古関も、作曲家ではなく新米の二等水兵だから、上官から命令され、叱責され、扱《こ》き使われる毎日であった。

海軍の人事部とは「作曲の仕事に戻るまで一週間ほど」との約束だった。が、その一週間が過ぎても、なかなか解除の命令が届かない。

東京では、毎日のように空襲があるという。家族のことが心配で、気が気ではない。

ある日、コロムビアから慰問団がやってきた。この時の古関は「慰問される側」である。

「妙な話だな」

古関は内心苦笑したが、とにかく今は二等水兵である。敬礼して慰問団を出迎え、彼らに茶を出す役回りとなった。

驚いたのは、慰問に来た演奏家や歌手たちである。

「まあ、古関先生！　こんなところで何をなさっているんですか？」

「見てのとおり水兵さ」

すると、事情を知っているコロムビアの社員が、

「奥様からも、しきりに『主人の解除は、まだか、まだか』と、問い合わせをされています。西条先生の歌詞もそろそろできあがりますので、もうしばらくのご辛抱です」

と、ねぎらってくれた。

こうして、その数日後、古関はほかの数人とともに除隊となった。

「帽を振れー」

除隊者らが営門で整列すると、残る者と出ていく者の双方が、帽子を振る。海軍の伝統行事である。

家は焼けていなかった。金子の頑張りのおかげである。

「お父様、お帰りなさい！」

二人の娘が、家に着くなり走り寄ってきた。

「駄目、駄目。近づいちゃ駄目だよ」

古関は、娘たちにシラミが移るのを恐れたのだ。

古関家の危機

この時期東京は、毎日のように空襲を受けた。軍も、高射砲や戦闘機の出撃で必死に応戦したが、雲霞《うんか》のごとく襲ってくるアメリカ軍の爆撃機には、まさしく「螳《とう》螂《ろう》の斧《おの》」だった。

五月のある日のことだ。

それでもアメリカの爆撃機が数機、撃墜された。ところが、なんと、そのうちの一機が紅蓮《ぐれん》の炎を上げながら、古関家のあたりへと落ちてきた。

「今度こそ、もう駄目だ！」

古関は、思わず絶叫した。せめて家族四人で死のうと、家族は抱き合った。

ところが、なんと運の良いことか。墜落してきた爆撃機は、古関家のわずか上空をスレスレで滑空し、そのまま根津山の向こうに落ちると、大爆発した。

山の向こうで燃え盛る炎は、古関家を真っ赤に染めた。

「今回は運が良かった。けれど……」

古関は、遠くにその炎をながめながら、東京で暮らす危険を心底から感じ、身も凍るような思いだった。

その気持ちは、金子も同じだった。

「もう東京は駄目ですね」

金子は、ポツリと悔しそうにつぶやいた。

「娘たちだけでも、あなたの故郷の福島に疎開させましょう」

古関にも異論はなかった。

数日後、金子は二人の娘に、できる限りの食料を持たせて列車に乗せた。

「お父様とお母様は、一緒に行かないの？」

次女の紀子が、心細げに聞く。

「お父様には、大切なお仕事があるのよ。お母さんは、お父様のお世話をしなければならないの。雅子も紀子も良い子だから分かるでしょう。叔父様の家でちゃんと待っておいで。お母様は、きっとあとから行くから」

「……うん。分かった」

金子としては、毎日のように襲いかかってくる空襲の中で暮らしている隣組の人たちに対して、自分の家族だけが安穏と疎開することに、後ろめたさもあったのだ。金子らしい想いだった。

福島では、古関の弟夫婦が娘二人の面倒を見てくれる話がついている。その点は心配ない。が、やはり子供二人だけで、東京から福島へ行かせることは、古関も金子も心苦しかった。

六月。沖縄、陥落。

沖縄を占拠したアメリカ軍は、そこを拠点に、これまで以上に遠方まで、空爆を敢行するようになる。

「福島も、市街は危ないな」

古関は、知人のツテを頼って、中心部を離れた飯坂《いいざか》温泉近くの家に、娘たちを居《い》候《そうろう》させてもらえるように手配した。

「僕は大丈夫だから、金子さんは、子供たちの側にいてやってくれ」

「本当に大丈夫ですか？　あなた」

「僕一人なら、何とでもなるさ。こんな状況だからこそ、僕は、皆を励ます曲を作らなければならない。幸い会社は、まだ無事だ。会社が焼かれるまでは、僕は東京を離れたくない」

「……分かりました。雅子と紀子のところへまいります」

古関の強い言葉に金子はようやく心を決め、福島へと向かった。

再び家族四人、無事に会うことができるだろうか。

口にこそ出さなかったものの、しかし、古関には嫌な予感があった。

その予感は、不幸にも当たってしまった。

「古関さん、大変です！　奥様が！」

東京の放送局から古関に連絡が入った。福島の放送局よりの伝言だ。

「奥様が腸チフスにかかって、重体だそうです。すぐにも福島へご帰郷ください」

金子は娘たちや夫の古関に食べさせる食事を優先して、自分はろくに食べていなかったのである。そんな中でも、隣組の仕事にも手を抜かず、懸命に働き続けていたのだ。

弱音《よわね》など決して吐かなかった金子だったが、身体は弱り果てていた。福島への長旅は、そんな金子を痛めつけた。

疲労がピークに達し、ついには福島へ着くなり腸チフスに感染したのだ。

「すぐにでも入院させなければ」

古関の弟は、当惑した。なぜなら、当時のタクシーは木炭車である。しかし、物資が欠乏している時代、客のほうで木炭一俵を用意しなければ、タクシーは呼べないのだ。

「義姉《ねえ》さんを兄貴に会わせる前に死なせたら、兄貴に面目《めんぼく》が立たない」

古関の弟は、知人に懇願した。知人は方々を駆け巡ってようやく木炭を用意すると、金子を病院へ送り、そのまま即、入院させた。

金子が福島に着いてわずか三日目には、ひどい高熱が金子を襲った。意識ももうろうとして、ベッドで横になったまま、うわ言を言い続けるほどだった。

「来る……。来る……。見て、B29よ……。あんなに、あんなにたくさん……、爆撃が……。爆撃が……。火が……。火が……。逃げて……。皆、逃げて……。逃げてー！」

「お母様！　お母様！」

娘たちは泣きじゃくりながら、金子の枕元に寄り添おうとする。しかし、

「いけません。お母様のご病気が移ってしまいます」

と、世話をしてくれている古関の弟の妻が、心を鬼にして、娘たちを別室に引き

留めてくれていた。

「金子さん！　僕だよ」

古関が、金子のもとに駆けつけたのは、発病してすでに一週間が過ぎていた頃である。

金子の意識は相変わらずもうろうとしたままで、熱も下がらない。やつれ果て、汗ぐっしょりで、動くこともままならず、苦しげに息をするだけだった。

あの活発だった金子の面影《おもかげ》は、どこにもなかった。

古関は、金子の顔に「死相」を読み取った。

医者も、

「駄目かも知れません。どうかお覚悟をしておいてください」

と、沈痛な面持《おもも》ちで告げた。

「せめて、僕だけでも、側にいさせてください」

「いえ。伝染の危険があります。それは許可できません」

「平気です。僕は、海軍にいた時に腸チフスの予防接種を受けています」

あの軍の人事ミスによる入団が、まさかこんな形で役立とうとは。古関は、この幸運に感謝した。

古関は、金子のために二度、輸血のための血液を提供した。

「金子さん。僕は君に苦労ばかりかけてきた。このまま死なれては、僕は面目が立たない。頼むから助かってくれ」

古関は、ただ祈るばかりであった。

この祈りが、天に通じた。

金子は、古関が来てから徐々に快方に向かっていった。

しかし、油断はできない。

「隣の病室に入っていた方が、亡くなられました」

看護婦が、そっと教えてくれた。同じ病で入院していた隣室の若者は、病が脳症にまで達して死んだという。わずか十九歳だった。

「気の毒に……。金子さん。君はどうか助かってくれ。また、あの歌声を聞かせておくれ」

古関は、夜も眠れない日が続く。

そして、福島に本格的な夏が訪れた頃。

「もう、一安心です」

医者が笑顔で、古関に告げた。金子は、ついに病の峠《とうげ》を越したのだ。

「あなた。ご迷惑をおかけしました」

ベッドの中から、金子が弱々しい、けれど明るい声で、古関に言った。古関は泣きそうなのを我慢した。

「金子さん。君は、本当に強い女性だね」

「私、古関裕而の妻ですから」

金子が言う。古関には意味が分からない。

「たくさんの人があなたの曲を待っているのに、私なんかのために、いつまでもあなたを縛り付けておけませんわ」

金子は、こう説明してニッコリ笑った。

「そうか、そうか……。ありがとう、ありがとう。僕は、君と結婚できて本当に良かった」

古関の目に光るものがあふれた。結局、涙を抑えられなかった。

終戦

昭和二十年（一九四五）も八月に入った。

金子はだいぶよくなっていた。けれど体力の衰えがひどく、まだ一人では動けない。この頃には、福島にも頻繁に空襲があった。

金子の病室は二階である。古関は、毎日毎日、階段を慎重に下りる練習をした。

「一段、二段、三段……」

夜に空襲が来れば、灯下官制で暗闇《くらやみ》となっている中、金子をおぶって階段を下り、待避壕まで急がなければならない。一歩でも、階段を踏み外すことは許されない。

「空襲警報！」

サイレンが鳴ると、古関は慣れた手つきで素早く金子を背負い、真っ暗な病院の階段を、足早に下りていく。

「頼もしいですね。あなた」

「君から『頼もしい』なんて誉められるのは、初めてだよ」

金子を背負った古関はクスリと、小さく笑った。

こんな小さな笑いでも、古関には、笑えることが心底ありがたかった。

「きっと生き延びられる。僕には、まだまだ書きたい曲がある。笑えるうちは、きっと良い曲が作れる。作ってみせる」

古関は金子を背負いながら、密かに決意していた。

八月十日頃になると、金子の容体は、かなり良くなっていた。医者や看護婦にお礼を告げて退院し、飯坂の居候先へ、古関家は戻った。

「東京の放送局（現・ＮＨＫ）から、出演の仕事が来ているんだ。僕はいったん東京へ戻るよ」

古関には、だいぶ以前から会社より、しきりと帰京の指示が来ている。金子の体力も順調に回復していたので、飯坂での古関家には、もう心配がなかった。

「行ってくるよ」

「行ってらっしゃいませ」

「お父様。行ってらっしゃい」

家族は、互いに笑顔で別れた。

東京に戻れば、いつ、また会えるか。どちらかが空襲の犠牲になるかも知れない。これが、最後の別れになるかも知れない。

けれど、そんな不安なそぶりはどちらも見せない。

「今は、日本中の誰もが、こんな想いをしているんだ」

古関は、せめて少しでも、そうした人々を慰め、励ます曲を作るために東京へ戻るんだ、と自分に言い聞かせた。

ところが、東京行きの列車に乗るため、福島駅に着いた時。

「古関さん。古関さん」

プラットホームで、周囲に遠慮がちに声をかけてくる者がいる。見ると、顔馴染《なじ》みの新聞記者である。

「やあ。お久しぶりです」

「これから東京ですか……。でも、無駄足になるかも知れませんよ」

「え、どういうことですか」

新聞記者は、身体をかがめ、ますます小声になった。

「まだ内密の話ですけれどね。どうも、戦争が終わるらしいんです」

「そ、それじゃ……」

古関の心に戦慄《せんりつ》が走った。記者の次の言葉が、予感できた。

「負けたんですよ。降伏です」

古関は、立ったまま、しばし沈黙した。

「では、どうぞ良い旅を」

新聞記者は、わざとらしく大声で、列車に乗り込む古関を見送った。

「負けたのか……。やはり負けたのか……」

古関は夜汽車に揺られながらずっと、これまでの数年間の出来事を思い出し続けていた。自らが作ってきた軍歌や戦時歌謡のメロディが、頭の中を駆け巡った。

八月十五日、昼近く。

古関は、東京の新橋駅に着いた。

列車を降りて、改札を出る。とにかく放送局に向かわねばならない。すると、駅長室付近には黒山の人だかりである。

古関には予感があった。近づいていって、一人の男に聞いてみた。

「なんで、皆さん、お集まりなんですか?」

男は、不安げな顔で教えてくれた。

「もうすぐ正午でしょう。正午から陛下の『玉音放送《ぎょくおん》』が、あるそうなんですよ。皆それで、集められたんです。いよいよ、本土決戦ですかねえ」

そう言ってから男は、古関に、弱音を悟られるのはまずいとでも思ったのか、

「そうなったら、それこそ国民一丸、火の玉ですよ。鬼畜米英なんか、蹴散《けち》らしましょうや」

と、やたら強がってみせた。

しかし、そうでないことを古関は察していた。

そのまま、そこで正午を待つ。放送が始まっても、人だかりの後ろのほうだから、ラジオの音は、ほとんど聞き取れない。

だが、やがて人だかりの中から、すすり泣く声が聞こえてくる。嗚咽《おえつ》する声も聞こえる。果ては、ガックリとへたり込む者までいた。

「やはり、負けたのか」

古関は、天を仰いだ。

これから、日本はどうなるのだろう。

日本の音楽は、どうなるのだろう。

希望よりも不安が先に立った。

ちょうど同じ時。

福島の飯坂で病後療養中の金子もまた、布団から這い出し、正座して玉音放送を居候先の人たちと聞いた。

「負けたんですね」

福島でも、人々は打ちのめされ、嘆いた。

金子もまた古関と同じように、窓を開けて、天を仰いだ。

「金子さん、もうB29は来ませんよ」

側にいた者が、金子をいたわるように優しく諭《さと》してくれた。

「ええ。でも……」

金子は、日の丸を翼に付けて飛ぶ勇壮な航空隊の姿が、目に浮かんだ。太陽に照らされて光る銀翼に赤い日の丸の戦闘機の編隊。その姿は、美しくさえあった。

「もう、あの姿も見られないのね」

涙があふれてきた。

悔し涙だった。

金子は、本当に強い女だった。

第四章　平和と混沌の街に流れる曲

金子《きんこ》の歌

金子の歌唱力は本物だった。

単なる「趣味の域」などを、はるかに超えていた。

「古関《こせき》君。君の妻君《さいくん》の歌声は、この国の歌手たちの中でも抜きん出ているよ。このまま野《や》に埋もれさせるのは、我が国の音楽界の損失だよ」

今日にも歌い継がれている古典的童謡の『シャボン玉』や『てるてる坊主』を作曲し、昭和十七年（一九四二）には「日本音楽文化協会」の理事長も務めた音楽界の重鎮《じゅうちん》・中山晋平《なかやましんぺい》（一八八七〜一九五二年）も、金子の歌声を絶賛していた。

中山は、古関より二十二も年上の大先輩である。

「ありがたいお言葉です。私も、妻の声をなんとか世に出したいと願っているのですが……」

いつも直《じか》に金子の歌声を聴いている古関も、この大先輩の言葉が決して御世辞や社交辞令ではないということは、重々分かっている。

現に金子は、古関の新妻となって上京してすぐの頃、「帝国音楽学校」の声楽科に入るや、めきめきと頭角を現した。

昭和を代表する我が国ソプラノ歌手の第一人者であるベルトラメリ能子《よしこ》（一九〇三～一九七三年）に師事し、彼女にも、その歌声を高く評価された。まさしく「一番弟子」として可愛がられていた。

能子は金子に、

「あなたには、私の後継者になってもらいたいわ」

とまで告げていた。

ところが、当の金子が「声楽家・オペラ歌手として世に出たい」という野心を、あまり、と言うより、ほとんど持っていなかった。

能子の勧めで、幾つかの小さなオペラの舞台も踏んだ。しかし、それ以上のことを、金子自身が求めなかった。

古関は戦時中、国内にいる時には何度も、軍の駐屯部隊へ慰問に行っている。そのたびに古関は、

「金子さん。一緒に来て歌っておくれよ」

と、半ば強引に、金子を慰問団に加えた。

もちろん歌うことが大好きな金子だから、夫の望みとあれば、喜んで慰問団に臨

時メンバーとして加わる。そして、慰問先では見事なソプラノを披露し、慰問を受ける兵士たちばかりか、同行している慰問団の面々までをも魅了し、うっとりとさせた。

「今日は楽しかったですわ、あなた。お誘いくださって、本当にありがとうございました」

金子は、慰問から帰ると決まって、満面の笑みで古関に礼を言う。そのたびに「やり切った」といったような満足げな顔を見せる。

だが、彼女はそれ以上を望まないのだ。

金子は、自らの音楽の才能を伸ばすことよりも、大作曲家である夫の古関を支えることのほうが嬉しかった。本心からそう思っていた。

二人の娘が愛しくて愛しくて、子育てにも、心から張り合いを感じていた。だから戦争末期の頃は、倒れるほどにギリギリまで、家庭と近所の人々を守ることだけに全精力を傾けていた。

古関は思い切って、二人だけの時、金子に問うた。

「金子さん、大舞台で歌いたくないのかい」

問われた金子は、ちょっとだけ考え込む様子を見せるが、

「ええ、すてきな夢ですね」

と答えて、笑うだけである。

金子の言う「夢」。それは、目指したい現実の目標ではない。ただ空想して楽しむだけのものにすぎない。

金子は、そんな暮らしに満足していた。

芸術の才能を持つ人間のすべてが、自らの才能を世に示したいと考えるわけではない。中には、あふれんばかりの才能を持ちながら、一庶民として平凡な暮らしを送るほうに、人生の満足を見出す希有《けう》な者もいる。

金子はまさしく、そんな人間の一人だったのだ。

古関は、金子の人間性を、よくよく理解していた。だから、彼女を無理矢理に世に送り出そうとまでは思わなかった。

「それが、彼女の意思なんだ」

古関は、金子の前では、芸術家である前に「良き夫」でありたかった。だから、彼女が歌うのを時折楽しむことに協力するだけに、とどめるようにしていた。

敗戦が決まっても、古関家はしばらく福島にとどまっていた。その疎開のさなか、病が回復してきてから、金子はしきりと歌いたがった。

歌うことで、自らの身体の回復ぶりを確認したいからだ。

療養中、掻《か》き集められる食料は、なんでも積極的に食べて、体力の回復を図った。そして出歩けるようになると、知人のツテを頼って、近所の小学校の音楽室に古関と出かける。

そこで、古関のピアノの伴奏に乗せて、透き通るような美しい歌声を披露する。

「うん。これだけ歌えるようになれば大丈夫ね」

歌い終わってから、金子はこう言う。それ以上のことは言わない。

そんな頃、古関の音楽仲間が、アコーディオンを携えて福島まで遊びに来てくれた。

「あら。アコーディオン。私、その伴奏で歌ってみたいわ」

「ええ。奥さんの歌声が聞けるなら、ぜひともこちらのほうからお願いしたいくらいですよ」

友人は、快く引き受けてくれた。

金子は、いつものピアノとは違うアコーディオンの音色をすっかり気に入り、次から次へと歌声を披露する。古関はその席で今更のように、つくづく金子の歌声のすばらしさに感嘆していた。

この、飯坂《いいざか》の居候先で催された〝小さなコンサート〟には、意外な客が加わっていた。

古関は、障子《しょうじ》を隔てた外に人の気配をずっと感じていた。しかし、おおかた近所の通りすがりの人たちだろうと、あまり気にもとめていなかった。

ところが、あとから隣の人が、こんな話をしてくれたのだ。

「先日、古関さんたち、部屋でお歌を歌っていらしたでしょう。それを、たまたま耳にしたアメリカの兵隊さんたちが縁側に並んで腰掛けて、障子越しに聞こえる歌を、ずっと聴いていらしたんですよ。十人くらい、いたかしら。それも、小一時間ものあいだ声一つ立てず、静かに目をつぶって聴いていましたよ」

この話を知った金子は、

「あら、恥ずかしい」

と、笑って済ますだけだった。

「金子さんの歌は、アメリカ人をも魅了するんだ」

古関はこの時、

「やはり、いつか金子さんの歌を世に出そう」

と、密かに誓った。

戦後の東京へ

敗戦の直後、古関家は金子の体調の問題もあったので、すぐには福島を離れなかった。二人の娘はそれぞれ、九月になると福島の学校に入った。

敗戦の日、東京に戻った古関は結局、放送局内がゴタゴタしていたため憲兵に阻《はば》まれて入ることさえできず、福島へ戻った。まさしく無駄足の東京行きだった。

食料難の状態は、福島も変わらない。古関も近所の果樹園農家を回って、買い出しをした。金子は、歩けるようになると、古関の亡き母の遺品である着物を持って農家に出かけ、米と交換してもらう日々だった。

「なんだか心苦しいわ」

「家族のためだもの。おふくろだって、きっと分かってくれるさ。それより金子さん、米が重かったら、無理に自分一人で背負わなくてもいいんだよ。僕をすぐに呼んでおくれ」

古関は、母の遺品を手放す悲しみより「金子の無理な頑張りが身体に障《さわ》らないか」と、ヒヤヒヤすることしきりだった。

十月初め、ようやく東京の放送局から、あらためて上京を促《うなが》す連絡が入った。福島から、再び東京へ。この上京では、空襲で死ぬ気遣いは必要ない。それが何よりありがたかった。

放送局に着くと、進駐軍のアメリカ兵がやたらと目に付く。放送局の一階と四階は、進駐軍の「民間情報教育局」に占拠されていたのだ。古関は、あらためて敗戦したことを実感した。

「やあ。お久しぶりです。お互い生き残りましたな」

顔馴染みの放送局演芸部の人間と会うと、まずは互いの無事を喜び合った。

「じつは、早速ですが、ラジオドラマを作って放送する企画があるんです。台本は菊田一夫《きくたかずお》さんです。彼も、岩手の疎開先から帰京しているので、すでに仕事に入ってもらっています」

「菊田さんですか。それはすばらしい」

菊田は、戦前・戦後を通じて活躍した劇作家にして作詞家である。明治四十一年（一九〇八）の生まれだから、古関より一つだけ年上だ。同世代である。

しかし、その才能は若くして開花し、戦前の我が国の喜劇王である古川《ふるかわ》ロッパ（一九〇三〜一九六一年）が率いる劇団の座付き作家として、デビューしていた。

「それですね、その菊田さんが『音楽はぜひ古関さんに』と、注文してきたんですよ。なんでも、あの『紺碧《こんぺき》の空』を聞いて以来、古関さんの曲のファンになったそうで。局としても、全く異存はないんで、古関さんにお願いしたいのです。台本ができ次第、福島へ郵送します。それを読んで、作曲なさってください。曲ができたら、また東京へ来ていただく……と、そんな感じで頼みます」

「分かりました」

古関は、戦後の初仕事に、強い喜びを嚙《か》み締めた。

「戦争に関係ない音楽を作れるんだ」

浮き立つ心で放送局をあとにした。

だが、久しぶりの東京の風景は、そんな古関の心を沈ませる。

空襲で荒廃した街の様子は、福島の比ではなかった。人々は、満足に住む家もろくな食料もなく、疲れ果てた顔をしている。

「僕の音楽で、この人たちを元気づけられるだろうか。いや、やらなければ」

古関は、悲壮な使命感に駆られて、福島への帰途に就いた。

やがて、東京から送られてきた台本のタイトルは『山から来た男』。

ドラマの内容は、山深い疎開先から出てきた男が、苦労を重ねながらも会社を再興していくという、当時の状況を背景としたサクセス・ストーリーである。復興を目指す当時の日本人を鼓舞《こぶ》するための、活気みなぎるドラマだった。

放送は、十月から年内いっぱい。週二回の連続ドラマとして放送された。古関は、放送のたびに作曲を仕上げて上京し、放送に立ち合う。もちろん、当時は収録などない、一発勝負のライブ放送である。

放送のたびに、福島から上京する古関に、放送局の人たちは、

「本当に『山から来た男』ですね」

と、冗談を言った。軍部の締め付けから解放されていた放送局内の雰囲気は、明るかった。

もっとも、一階と四階は進駐軍に占拠されているので、一階のトイレも、日本人スタッフは使用禁止だった。また、家を焼かれたスタッフは放送局内に寝泊まりして自炊もしていた。闇市で買い込んできた食材を、局内の備品の電気コンロなどで調理するのである。

ところが、アメリカ人は食生活の風習の違いから「魚を焼く匂い」を、ひどく嫌がった。やがて局内に「魚、焼くべからず」の貼り紙が貼られた。

「やっぱり負けると、辛いですね」

皆で苦笑し合った。

『山から来た男』は、大好評のうちに最終回を迎えた。局の思惑どおり、主人公の元気あふれる活躍と復興の姿は、多くの人々の共感を呼んだ。

「菊田さんと古関さんに組んでもらったのは、大正解でしたよ。また、これからも頼みます」

放送局の上層部は、大喜びで二人にこう告げた。

こののち、作家・菊田と作曲家・古関は名コンビとして、数々のヒット作を生み出していくことになる。

古関は、この仕事で福島と東京を何度も往復した。

「ヘイ、ミスター・コセキ。こいつはどうだい」

福島に戻るたびに、アメリカ兵からチョコレートやキャンディを買わされたので、結構、出費が痛かった。

けれど、その土産を受け取ってはしゃぐ娘たちの姿を見て、

「まあ、いいか。むしろありがたいことだ」

と、思ったりもした。

復興に向けて

明けて、昭和二十一年（一九四六）。

五月から「極東国際軍事裁判」が開廷された。

連合国側による、我が国の軍事犯罪人の裁判である。

犯罪内容としては、国際平和に大いなる害をなしたとするA級犯罪、一般的な戦争犯罪であるB級犯罪、人道的な罪を犯したとされるC級犯罪――に分けられる。

そして、それぞれの容疑者が逮捕・拘束され、裁判を受けさせられた。戦時中の国家指導者層の多くは、A級犯罪の判決によって死刑に処されていった。

「古関君。僕たちにも『あの歌』のことで、裁判のお呼びがかかるかも知れないね」

西条八十《さいじょうやそ》は、もはや覚悟を決めたかのように泰然《たいぜん》とした面持《おもも》ちで、古関に語った。

「ええ、『あの歌』ではねぇ」

古関も、半ばあきらめていた。死刑とはいかぬまでも、投獄は免《まぬが》れられまい、と。

二人が「あの歌」と指し示すのは、あの軍部と歌詞のことでもめた『比島決戦の歌』である。

あの歌の中のフレーズ。

「いざ来いニミッツ　マッカーサー　出てくりゃ地獄へ逆落とし」

は、まさしく連合国側から「戦犯」とされても仕方のないものだった。現に、世間からも、これをして二人を「戦犯」と名指しする声さえ、少なからず上がっていた。

ましてや、なにしろ進駐軍の総司令長官は、歌の中の当人マッカーサーなのである。

ところが、進駐軍は、芸術家には寛容だった。

「作品作りを国策で強いられていた芸術家たちは、罪に問わない」

という方針のもと、戦意高揚の作品を生み出してきた画家、文筆家、音楽家などが、裁判に出廷させられることはなかったのである。

古関はホッとすると同時に、なにやら後ろめたさも感じていた。

この年になると、戦地から続々と兵士たちが復員してきた。中には、手足を失って、帰る家も職もなく、日々の食料にも困窮している傷痍《しょうい》軍人たちも、少なくなかった。

彼らは、街の盛り場の隅で、通りすがりの人々からの寄付を求めて、古びたアコーディオンなどを弾きながら、か細い声で歌を歌っている。両足を失った者は、車椅子とも呼べないような、粗末な箱に車輪を付けただけのものに座り込み、悲しげに歌を歌う。

それは、あるいは『露営の歌』であり、あるいは『暁に祈る』である。

「ご苦労様でした」

古関は、彼らを見かけるたびに立ち止まって声をかけると、多少のカネを、彼らが足下に置いている箱や空き缶に献金した。

「この人たちは、僕の作った曲に送られて地獄のような戦地へ赴き、大切なものを失って帰ってきた。この人たちの傷の一端は、僕にも責任がある」

古関は、心を痛めた。

「けれど、だからこそ僕は曲を作り続けなければ」

古関は、戦前・戦中以上に、曲作りの使命感というものを、はっきりと背負わされた想いだった。

また、この年、体力がすっかり回復した金子は、第三子を無事に出産した。男の子だった。

「僕の名の一字を付けよう。名は『正裕《まさひろ》』だ」

古関は自らの名を改名した時と同じく、息子に、昭和天皇の御名の字をまたもいただいた。日本人としての誇りを、息子にも託したかったからだ。

ラジオドラマの名曲

大好評のうちに終えた『山から来た男』に引き続いて放送された「菊田・古関コンビ」の第二弾ラジオドラマは、ミステリーだった。タイトルは『夜光る顔』。三、四回放送の短編だったが、これも好評だった。

次の作品は『駒鳥《こまどり》夫人』。淡いラブストーリーで、のちに別のスタッフにより映画化もされている。

古関の作曲熱は旺盛だった。請《こ》われるまま、さまざまなラジオドラマの音楽や歌謡曲を生み出していった。

そんな中で、古関の音楽を誰よりも愛し、頼みとし、コンビを組みたがったのが、この菊田一夫である。

「古関さん。また、アンタの曲でドラマを作りたいんだ」

菊田は、持ち前の人懐《ひとなつ》っこさで古関に声をかけてくる。古関も、菊田の作品も人間性も好《す》いていたから、

「うん、やろう」

と、気軽に引き受けた。

そんな二人による、戦後ラジオドラマの一大傑作の一つが『鐘の鳴る丘』である。

ドラマは、主人公の青年と戦災孤児たちが心を通わせ、やがて力を合わせて信州に家を建てる——という、まさに当時の暗い世相を吹き飛ばそうとする明るいものだった。

放送の第一回は、昭和二十二年（一九四七）の七月。

当時の子供たちのあいだで大人気となり、なんと昭和二十五年（一九五〇）十二月まで、三年半、全七百九十回という大ロングランの作品になった。

放送中は、放送スタート時間の午後五時頃になると、子供たちが遊び場から早々に帰路に就いて、ラジオの前に座った。この時間ばかりは、どこの原っぱにも子供

の人影が見えなくなったという。

ことに、菊田の作詞・古関の作曲による主題歌の『とんがり帽子』は、子供たちに愛唱された。

それは、戦時中にはとても聴けなかった明るく弾《はず》む、そして優しい曲だった。

作中では、BGMや効果音まで、オルガンで奏でる。ところが菊田の台本は、これらと音楽に、じつに微妙で繊細なものを求めてくる。

しまいには、台本に「……」とだけ書いて、この部分を音で十五秒埋めてくれ、なんて無茶苦茶な注文まで示される。

古関はなんとか曲をイメージするが、これをオルガン奏者に伝えることは、なかなか困難である。オルガン奏者は困惑するばかりで、とうとう匙《さじ》を投げてしまった。

仕方なく、作曲家当人の古関が、BGMや効果音の演奏までこなすことになった。

なにしろ当然、一発勝負の生放送である。オルガンの前に座る古関は、マイクに向かう出演者たちの演技に耳をそばだてながら「ここだ！」というところで、間髪を容れずオルガンを数秒、十数秒と奏でる。

緊張に継ぐ緊張の真剣勝負。ほとんど即興で音を作ることも多かった。

「ラジオドラマの音楽とは、こんなに大変なものか。けれど、楽しい」

古関には、この緊張感が逆に、なんとも快感だった。子供の頃に無邪気に卓上ピアノを叩いていた気分を思い出した。なにやら〝原初的な音作り〟の楽しさを味わっているようだった。

『鐘の鳴る丘』の放送が終了すると、すぐに次回作の放送が始まった。昭和二十六年（一九五一）一月のことだ。

タイトルは『さくらんぼ大将』。なんともユーモラスなタイトルである。

前作の『鐘の鳴る丘』は戦災孤児という当時の社会問題を背景に、ドラマが作られた。だが『さくらんぼ大将』は一転、ひたすら明るいものを目指した。

敗戦して、わずか五年ほど。復興は遅々として進んでいなかった。戦災孤児の問題も、復員兵たちの問題も、食料難さえ、まだまだ解決し切れていない時代である。

それでも、だからこそ、菊田は明るさをラジオから生み出したかった。

作品は、地方に住む元気な少年「六郎太《ろくろうた》」を中心とした気の良い仲間たちによる、ほのぼのとしたドラマである。そして、これまた当時の子供たちをラジオの前に釘付けにした。

この作品のコンセプトを菊田から聞かされた時、古関はすぐさま舞台となる大自然の地が彷彿《ほうふつ》とされた。

疎開先の飯坂《いいざか》のすぐ近くにある「茂庭《もにわ》」という土地である。五月ともなれば新緑あふれる美しい景観が広がり、偶然にもさくらんぼの名産地である（今日《こんにち》、この地には、このラジオドラマを記念した「六郎太の像」がある）。

「こんな感じでどうかな」

古関が作った曲を試しに奏でると、菊田も大喜び。

「まさしくピッタリだ。これもまた、子供たちをラジオの前で楽しませられるよ」

物語によりコミカルさを加えるため、六郎太の先生役には、とくにお願いして、戦前からの喜劇王である古川ロッパをキャスティングした。ロッパは、前述したとおり菊田の才能を開花させた恩人でもある。

ロッパの演じる「大野木蛮洋《おおのぎばんよう》先生」も、子供たちの人気者となった。さすがは喜劇王である。作品中で大野木先生が歌う『さくらんぼ道中』は、じつにリズミカルで、コミカルなものだった。

歌の冒頭、ただ「あっはっは」と笑うだけのリフレイン。子供が喜ぶコツというものを捉《とら》えている。作曲はもちろん古関だ。

「楽しい」

古関は、軽やかにオルガンを弾き続けた。

「古関君という人は、じつに巧みにラジオドラマの音を奏でるね」

ロッパも、古関の〝意外な才能〟を賞賛した。

「古関さん。また頼むよ」

菊田は、台本ができあがると古関にチェックを頼む。セリフを、舞台に合わせて福島の方言に直すためだ。

「全国に流れるんだから、一応は、誰にでも意味が分かる程度で頼むよ」

「福島の方言は、そんなに変じゃないよ」

古関は笑いながら、台本を直していった。古関が直した方言はもちろん、じつに正確で、地元の福島でも好評だった。

『さくらんぼ大将』は、昭和二十七年（一九五二）三月に、無事に大団円を迎えた。

余談ながら、福島では、この作品が地元を舞台としてもらえたことを喜び、放送の半年後に、作品スタッフと出演者の数十人を招待し、大歓迎した。古関としては、故郷に錦を飾れたような感慨があったであろう。

そして『さくらんぼ大将』が幕を下ろすと、いよいよ「菊田・古関コンビ」による伝説の名作ラジオドラマが生み出される。

『君の名は』である。

『君の名は』

『君の名は』は、まさしく菊田の代表作である。

ドラマは、あの「東京大空襲」の夜から始まる。

焼夷弾《しょういだん》の雨の中、名も知らぬ二人の若い男女が助け合い、手を取り合って、逃げ惑う。ようやく数寄屋橋《すきやばし》まで逃げおおせ、互いの無事を喜んだ二人は、翌日の夜に、

「半年後、また、ここで再会しよう」

とだけ約束し、互いの名も告げぬまま別れる。

そして二人は、それぞれに、戦中・戦後の厳しい日々の中で懸命に生きていく。

やがて約束の半年後、しかし二人は出会えなかった……。

——と、こののちも、さまざまなドラマが展開していくのだが、じつに毎回ハラハラドキドキの演出で、まさに大人向けの純愛ドラマであった。

放送時間も「毎週木曜日の午後八時半から」と、完全に大人をターゲットにしていた。

放送が始まって半年ほどしてからは、いよいよ本格的な恋愛ドラマとなり、一挙に人気に拍車がかかった。多くの女性たちが老いも若きも、ラジオの前で固唾《かたず》を呑《の》んだ。

今日においても、

「『君の名は』の放送中だった毎週木曜日の夜は、銭湯《せんとう》の女湯《おんなゆ》が空っぽになった」

という伝説が、まことしやかに伝わっている。

もっとも、この伝説は、のちに松竹が映画化（昭和二十八年〈一九五三〉）した際に作り出したキャッチ・コピーで、真偽のほどは分からない。しかし、そんなコピーが生まれ、今日まで伝わっているという事実だけでも、この作品がいかに絶大な人気を博していたかが、推して図れる。

主題歌ももちろん、作詞・菊田、作曲・古関による傑作である。

この歌ができた時、菊田は、

「『鐘の鳴る丘』や『さくらんぼ大将』の時のような童謡歌手ではなく、本格的なクラシックの声楽家の人に歌ってもらいたいね」

と、提案した。作風から言っても当然の発案であった。

古関は一瞬、金子のことを思い浮かべた。

だが、金子は長男が生まれてからは、ますます家庭の仕事に精を出して、ここしばらくは満足に歌の練習もしていない。プロの仕事として、身内をゴリ押しで推薦するわけにはいかない。

「……妻には、声楽家の知り合いも多いんだ。妻に聞いてみるよ」

古関がこう言うと、菊田は安心して、

「では、頼むよ」

と、一も二もなく受け入れた。菊田は、万事において古関を信頼していた。

古関が金子に相談すると、

「そうね。高柳《たかやなぎ》先生ならいいんじゃないかしら」

と、あっさり教えてくれた。

高柳二葉《ふたば》（一九一五〜二〇一三年）。「東洋音楽学校」の教授も務める本格派の声楽家である。そして、何より金子の友人である。

古関は、

「本当は、金子さんに歌ってもらいたいんだ」

という言葉が喉元まで出かかったのを、グッとこらえた。

金子が、歌いたい素振りを全く見せず、屈託なく高柳二葉を推薦した様子に、その想いが「自分だけのわがまま」のように思えたからだ。

『君の名は』は、ラジオドラマ史上空前のヒットとなり、放送半年後から、映画化の権利が国内映画会社同士で争奪戦となった。結局、前述どおり松竹が権利を獲得し、この映画版でも、古関が音楽を担当した。

映画版『君の名は』は「三部作」で作られた。そして、いずれも大ヒットした。のちに、フジテレビでもテレビドラマ版が放送され、この音楽も古関が担当した。

『雨のオランダ坂』

昭和二十年代の古関の作曲活動は、とにかく旺盛だった。ラジオドラマの音楽にとどまらず、映画音楽から、流行歌まで、ありとあらゆる音楽を作曲した。コロムビアは、古関を「看板作曲家」として前面に押し出し、次から次へと、仕事を回してきた。

そんな状況下でも、古関は仕事を全く苦にしていなかった。歌詞をわたされると、すぐさまメロディが浮かんでくる。それを五線譜に記していくことが楽しくてしょうがなかった。

どんなジャンルであれ、創作家には二つのタイプがある。

後世に残る大傑作を生み出す代わりに創作がおそろしく遅くて、注文者をヒヤヒヤさせるタイプ。そして、注文を受けた仕事を、発注者が驚くくらいのスピードで次から次へと仕上げるタイプである。

後者は往々にして「速さが何よりの取り柄」であるから、作品のクオリティは、それなりのものが多い。後世に長く残る作品を生み出せる者は、ごく希《まれ》である。

ところが古関は、まさしく、この「希」なる創作家であった。彼の昭和二十年代の名曲のすべてをいちいち説明していたら、とても紙幅が足りない。ここでは、ごく一部だけ紹介していこう。

古関の戦後ヒット曲の第一弾を飾ったのは『雨のオランダ坂』（昭和二十二年〈一九四七〉）であろう。

これは、菊田が、大阪の新国劇で上演する芝居『長崎』の中で、登場人物であるカフェの女給が歌うものだ。

『長崎』のストーリーは、上海帰りの船乗り男が孤児たちのために力を尽くすハートフルなもの。マドロス（船乗り）独特の小粋さを持つ主人公が颯爽《さっそう》と活躍する姿が、たいへんに好評だった。

作詞は、もちろん菊田である。菊田はいきなり、

「良い曲を頼むよ」

と、古関の意向も聞かずに、歌詞を置いていった。菊田の古関に対する信頼の大きさの表れである。

長崎の街は、戦争末期の原爆投下によって破壊し尽くされていた。その長崎の、

かつての美しい姿を歌った歌詞である。

古関が、当時の悲惨《ひさん》な長崎を訪れていたなら、こんなロマンチックな歌の作曲は、とてもできなかったろう。しかし古関は、昭和十年（一九三五）に長崎を訪れた経験がある。その時の、異国情緒にあふれた美しい街並みを思い出し、その「記憶の中の長崎」に、メロディを付けたのだ。

古関は、得意のクラシックの要素を間奏に取り入れ、女給の歌うものとしては、じつに上品な曲に仕上げた。それがかえって、多くの人々の心を引きつけ、曲は大ヒットした。

のちに『長崎』は、松竹が『地獄の顔』と改題して映画化したが、その映画の中でも『雨のオランダ坂』は歌われた。

『長崎の鐘』

一方、戦後の壮絶な惨状に見舞われた長崎をテーマとした名曲も、古関は作っている。

それが『長崎の鐘』（昭和二十四年〈一九四九〉）である。

昭和二十年（一九四五）八月九日の長崎原爆投下の日。長崎医科大学の、とある研究者が被爆した。その研究者の名は、永井隆《ながいたかし》（一九〇八〜一九五一年）。

永井は原爆で妻を失い、自らも重い原爆症に苦しむ。そんな中で自らの身体も顧みず、被爆者たちの介護にあたった。そして、原爆の悲惨さ、それによって死んでいく人々の苦しみを、克明につづったエッセイを書き上げた。

そのタイトルこそが『長崎の鐘』である。

永井は、このエッセイを出版して、原爆の恐ろしさを広く世間に訴えたかった。しかし、進駐軍からの出版許可がなかなか下りず、執筆を完成させてから三年後の昭和二十四年（一九四九）に、ようやく出版できた。

当時は、進駐軍の情報統制が厳しかった時期である。広島・長崎以外の地域に住む我が国の人々には、原爆の恐ろしさは、ほとんど伝わっていなかった。そんな中、この『長崎の鐘』は衝撃の内容であり、またたくまに大ベストセラーとなった。

コロムビアは、このエッセイをテーマとした曲を、急ぎ作ることとした。ベストセラーとして多くの人々がこの書に胸打たれている今この時こそ、曲を発表しなければ意味がない。猛スピードのプロジェクトである。

その作曲者に、やはり古関が選ばれたのだ。作詞は、これまた昭和を代表する詩人で作家のサトウ・ハチロー（一九〇三〜一九七三年）である。

サトウの歌詞は、長崎の被爆者に対する鎮魂だけにとどまらず、大東亜戦争におけるすべての犠牲者に向けられた追悼が込められていた。古関も、歌詞を見せられてすぐ、それをはっきり感じ取った。

「この歌は、力強い曲でなければならない」

古関は、あえてそう思った。

戦争のすべての犠牲者の魂は、戦後の世が惨《みじ》めに衰退していくことなど決して望んでいないはずだ。自らが犠牲となったからこそ、その犠牲を無駄にしない明るく、そして元気な時代が築かれていくのを望んでいるはずだ——と。

ところが、レコーディングの日に、想定外のトラブルが起きる。

担当歌手の藤山一郎《ふじやまいちろう》が、高熱を出したのである。

「藤山さん。歌うのは、とても無理でしょう」

周りの制止も聞かず、藤山は、

「いえ。できます」

と、ヨロヨロしながら、マイクの前に立った。

しかし高熱で意識さえもうろうとして「立っているのさえ、やっと」という状態なのが、スタッフの誰にも見て取れる。サトウも古関も、

「歌えるのか」

と、不安を覚えた。

ところが曲が奏でられ始めるや、藤山は見事な歌声を披露《ひろう》した。

しかし、決していつもの、爽《さわ》やかな透き通った歌声ではない。

切々と、悲壮ささえ感じられる、まるで歌が泣いているかのような声だった。そして、その静かな歌声には、曲の力強さに見事に呼応した鬼気《きき》迫《せま》るほどの迫力が、その奥底から響いてくるようだった。

「こんな藤山さんは、初めてだ」

誰もが驚いた。

「やはり、高熱でいつもの声が出ないんだ」

皆が、藤山の身体をおもんぱかり、ハラハラしていた。だが、それ以上に、藤山の〝初めての歌声〟に感動していた。

「藤山さんもまた、この歌に込められた鎮魂の魂を全身で受けとめ、だからこそ高熱の中で、こんな歌い方ができるんだ」

古関は、同じ音楽の道を歩む者として、藤山の気概《きがい》に、強く胸を打たれた。

そして、藤山は見事に歌い切り、レコーディングは終了した。

コロムビアでは、

「藤山さんの体調が回復してから、レコーディングし直したほうが良いのではないか」

という意見も出た。が、結局は、当初のレコーディングの音源で発表され、レコード化もされた。

「そうだ。これこそが、僕の作曲した『長崎の鐘』だ」

と、古関も喜んだ。

できあがった曲が放送されてから数日後、古関のもとに一通の手紙が届いた。

「永井先生からじゃないか！」

古関は、封を切るのももどかしく、急いで書面を開いた。

唯今《ただいま》、藤山さんの歌う、『長崎の鐘』の放送を聞きました。私たち浦上原子野（筆者注・永井氏が住んでいた長崎県の地域）の住人の心にぴったりした曲であり、ほんとうに、なぐさめ・はげまし・明るい希望を、与えていただけました。

作曲については、さぞご苦心がありましたでしょう。この曲によって全国の戦災荒野に、生きよう伸びようと頑張っている同胞が、新しい元気をもって立ち上がりますよう祈ります。

長崎　永井　隆

一九四九年四月二十五日

古関の目が潤んだ。

「作曲をしてきて、良かった」

心からそう思った。

永井は、この曲がよほど気に入ったと見えて、こののちも、古関に時折、手紙を送ってくれた。

永井は、それからほどなく、昭和二十六年（一九五一）に原爆症で亡くなった。

翌・昭和二十七年（一九五二）、六月。

古関は、熊本放送局の式典に招待され、金子とともに出席した。式のあと、古関は、

「寄りたいところがあるんだ」

と、金子に告げた。金子は黙って、うなずいた。

二人が訪れたのは、長崎。永井の残した二人の遺児の元だった。

「お父様に負けない、立派な人になってくださいね」

金子は、永井の遺児たちにそう優しく語りかけると、二人に一本ずつ、高価な万年筆をプレゼントした。

金子もまた、永井の遺児たちに会うつもりだった。その万年筆は、金子が東京から持参してきたものだった。

ヒット曲の数々

古関の作曲したヒット曲には、ほかにも、さまざまなものがある。

『長崎の鐘』と同様に、戦争犠牲者の悲惨さと健気さを歌った『ひめゆりの塔』（昭和二十八年〈一九五三〉、作詞／西条八十）は、東映の製作による同タイトルの映画の主題歌である。

切々と歌われるこの歌に、スクリーンの前の観客は皆、涙した。

戦時中、多くの戦時歌謡や軍歌を作ってきた古関としては、鎮魂と反戦の曲を書くことは、自らに課した「義務」だったのだろう。

その意味では、昭和二十六年（一九五一）に古関が作曲した民謡『廣島よいとこ』は、小品ながら、記憶にとどめておきたい曲だ。

昭和二十六年と言えば、広島に原爆が投下されてから、たった六年。原爆の傷跡はまだ、そこかしこに残っていた。

だが、そんな中、広島の風景をリズミカルに奏でていく民謡調の曲である。古関は、民謡もこなせる作曲家であった。

作詞は、やはり菊田。歌ったのは、芸者でありながら、優れた歌唱力でコロムビアから何枚ものレコードを出していた伝説の芸者歌手「赤坂《あかさか》小梅《こうめ》（一九〇六〜一九九二年）」である。

艶《あで》やかながら豪快さも感じられる力強い歌声で、戦後の広島を「よいとこ」と、心を込めた歌声で歌っている。

「この歌で、少しでも広島の人たちの心に灯《ひ》がともされれば」

と、古関は願ったに違いない。

もっとも、昭和二十年代に古関が手がけた曲には、明るく潑溂《はつらつ》とした曲が圧倒的に多い。

「音楽で、人々を元気づけたい」

という古関の想いが、自然と五線譜の上で躍動するのだ。

そんな古関の傑作の中でも、異色なのが『イヨマンテの夜』（昭和二十五年〈一九五〇〉）であろう。

「イヨマンテ」とは、アイヌ民族が長年にわたって行っている重要な伝統行事である。狩猟で得たヒグマの魂「カムイ」を、神々に帰す祭礼を指す。

もともと、世界各地の文化を、曲のイメージ作りのため広く研究していた古関は、アイヌ文化にも深い興味と理解を持っていた。

あの人気ラジオドラマ『鐘のなる丘』の中で、信州の杣人《そまびと》（林業従事者）が、ほんの脇役で登場するシーンがある。このシーンで杣人が鼻歌を歌う。もちろん古関の作曲である。

さて、放送完結後、当の古関がこの「杣人の鼻歌」をいたく気に入っていて、なんとか独立した一つの曲にしたいと願った。そして菊田に相談した。すると菊田もあのメロディを気に入っていたと見えて、一も二もなく賛成し、すぐさま作詞を引き受けた。

「ただ、杣人の歌としただけでは、深みに欠けるね。何か良いモチーフはないかな」

と、菊田が古関に相談した。すると、すでに腹案を持っていた古関は、

「アイヌの歌にしよう。アイヌの『イヨマンテ』の歌がいい。今日まで、アイヌ文化を題材にした流行歌なんか、誰も考えつかなかった。けれど、アイヌ文化は、僕たち本土の人間にはとても新鮮で偉大なものだ。きっと良い歌になるよ」

と、すぐさま答えた。

菊田も賛成し、そして、この『イヨマンテの夜』が仕上がった。

この歌は、歌詞に入る前に「アーホイヤー」といった力強いかけ声が入る。そのかけ声が、いかにも狩猟民族・アイヌの底知れぬパワーを響かせるかのようで、じつに味わい深いものになっている。

さて、レコーディングも終わり、レコードができあがったものの、コロムビアの宣伝部は、

「こんな歌、売れっこありませんよ。メロディも、流行歌としては難しすぎる」

と、けんもほろろで、営業活動に全く力を入れてくれない。新聞広告はおろか、

ポスターの一枚も作ってくれなかった。

なにしろ「菊田・古関」の黄金コンビはコロムビアのドル箱だから、彼らの望むままに商品化はしたものの、宣伝部としては「そこそこ売れればマシ」といった程度にしか、この歌を評価していなかったのだ。

ところが、レコード店の隅にひっそりと置かれた『イヨマンテの夜』は、口コミが徐々に広がっていき、人々の心を広く捉えた。

人々がとくに心震《ふる》わせたのは、歌詞の頭に響かせる「アーホイヤー」の力強いかけ声だった。

やがて「NHKのど自慢素人《しろうと》演芸会」で、この歌を歌う出場者が、続出した。毎週の放送で、たいてい、出演者の誰かが『イヨマンテの夜』を熱唱した。

かくして『イヨマンテの夜』は、一大ムーブメントを引き起こした。

「会社が、戦略的に宣伝などしてくれなくても、本当に人の心に響く曲を作れば、皆が喜んで歌ってくれるんだ」

古関は、この歌の人気を通して、

「作曲家を育ててくれるのは、宣伝じゃない。曲を聴いてくれる人々だ」

と、あらためて実感した。

古関とスポーツ音楽

戦前、新米の作曲家だった頃に古関が作った、早稲田大学野球部応援歌の『紺碧《こんぺき》の空』。

以来、古関の軽快で力強いメロディは、多くのスポーツ関係者に喜ばれることとなり、古関は、数多くのスポーツ音楽を手がけている。

古関は、この早稲田の応援歌にとどまらず、のちには、慶應義塾《けいおうぎじゅく》大学の応援歌『我ぞ覇者《はしゃ》』や明治大学の応援歌『紫紺《しこん》の旗の下《もと》に』なども、請われて作曲した。これらは、今日でも歌い継がれている。

また、序章で、古関が『六甲《ろっこう》おろし』の名で知られる阪神タイガースの応援歌を作り、戦後には、読売ジャイアンツの応援歌『闘魂こめて』を作ったことは、すでに述べた。

古関はほかにも、昭和二十五年（一九五〇）に中日ドラゴンズの応援歌『ドラゴンズの歌（通称・青雲たかく）』も、作曲している。

ドラゴンズは応援歌を何度も変えていて、今日、この応援歌が名古屋ドームに響くことはない。しかし、この古関の作品こそがドラゴンズ応援歌の第一号であり、この応援歌の溌剌とした活気みなぎる曲風は、まさしく、今日のドラゴンズ応援歌にも引き継がれている。

また、異色の「知られざる古関のスポーツ音楽」として、昭和二十五年(一九五〇)に発表された行進曲『オリンピック目指して』が、挙げられる。

これは、昭和二十七年(一九五二)にフィンランドで開かれた「ヘルシンキ大会」を意識しての作品である。

それに先立つ昭和十五年(一九四〇)には、東京で初めてオリンピックが開催されるはずだった。が、大東亜戦争のまっただ中、その開催は無念にも中止となった。古関も、当時は戦時歌謡や軍歌の作曲に必死で、明るいオリンピックの曲などは、作ることを許されなかった。

この『オリンピック目指して』には、そんな古関の積年のスポーツ音楽にかける情熱が、ほとばしっているかのようである。

そして、昭和二十三年(一九四八)。

ついに、あの、夏の「全国高等学校野球選手権大会」のテーマ曲『栄冠は君に輝く』が、生み出された。

大会主催者の朝日新聞社は、新しい大会歌を作ろうと企画。まず歌詞を、全国から募集した。応募総数、五千二百五十二作品。たいへんな数である。そして、それらが朝日新聞社内で検討され、選ばれたのが、あの歌詞だ。

雲はわき　光あふれて
天たかく
純白のたま　きょうぞ飛ぶ
若人よ　いざ
まなじりは　歓呼にこたえ
いさぎよし　ほほえむ希望
ああ　栄冠は　君に輝く

古関が、作曲の依頼を受けたのは、七月。時間は、ほとんどなかった。
ところが意外にも、いつもならすぐできるのに、古関の頭にメロディが浮かんでこない。

古関は、打ち合わせのために大阪へ飛んだ。そして、大会関係者に一つの頼み事をした。

「甲子園球場に、実際に立たせてもらえませんか」

こうして古関は、たった一人で、甲子園球場の真ん中、ピッチャーズマウンドに立った。

思いもしなかったほど広々としたグラウンドを、三六〇度、グルリと見わたす。

その時、古関は確かに実感した。

晴天へ、消えよとばかりに、高々と飛ぶ打球。

白球を追ってひた走る球児たちの、ほとばしる汗。

観客たちの、あらん限りの声を張り上げる応援。

灼熱の太陽のもと、野球というスポーツによって、この広大な甲子園が一つになっている。

「これだ……」

古関は、たちまちにメロディが浮かんだ。宿へ帰るなり、五線譜を埋めていく。

かくして、名曲『栄冠は君に輝く』は、完成したのだ。

八月。大会開催。『栄冠は君に輝く』は、開会式で大合唱された。爽《さわ》やかにして熱い、青春賛歌である。

「うまくできた」

貴賓《きひん》席で聴く古関は、満足だった。

こののち、古関は「スポーツ音楽なら古関裕而」とまで言われるほど、全国のスポーツ関係者より称えられることとなる。

最後に、古関のスポーツ音楽で、我が国の人なら誰でも、それも日常的に聴いている曲を紹介する。

タッタタッタタッタ、タタタ、タッタタッタタッタ、タタタ、

ターンタン、タンタタンタ、ターン

NHKのスポーツ番組の冒頭で必ず流れる音楽である。

タイトルは『スポーツショー行進曲』。

昭和二十二年（一九四七）、懇意にしていたNHKアナウンサーからの依頼で、

作曲したものだ。当初は「スポーツ・ショー」というラジオ番組のオープニング曲用だった。

スポーツ番組の冒頭を飾るための曲だから、ごく短い。今日では、十七秒バージョンと二十五秒バージョンが用いられている。

古関は、苦心に苦心を重ね、軽快にして格調ある曲として、作曲を意識した。敗戦後の我が国にあって、スポーツは人々を勇気づけ、国中に活気を生むすばらしいものだという確信があったからだ。

この潑溂としたオープニング曲は、敗戦後の荒廃した人々の心に元気を与えた。NHKには「作曲者は誰なんだ」という問い合わせが、殺到したという。

なお、古関は、使用されるのが数秒だと分かった上で、一分五十七秒の「フル・バージョン」も仕上げている。古関の、スポーツ音楽にかける情熱の結晶である。

今日のNHKで使用されている『スポーツショー行進曲』は、古関が作ったものより若干テンポが速い。しかし、この音楽を耳にして人々が心躍らせるのは、今も昔も変わらないであろう。

金子のオペラ

昭和二十一年（一九四六）、五月。

三浦環《みうらたまき》が亡くなった。享年六十二だった。

三浦環と言えば、戦前、女性ながら、日本で初めて世界的に認められたオペラ歌手である。明治三十六年（一九〇三）に、国内で初めて開催されたオペラにも出演し、その後は海外にわたった。そして、欧米各国でも、その美声で人々を魅了し名声を極めた。昭和十年（一九三五）に帰国してからは、コロムビアと契約し、活躍した。

三浦と古関夫妻には、不思議な因縁がある。

かつて、知人の招待で古関夫妻が大相撲《おおずもう》観戦に出かけ、そこで三浦と同じ枡席《ますせき》になったことは、第二章で述べた。

この時、古関の膝の上で観戦していた金子が、それをチラチラ見ていた三浦の姿がおかしかった――と、楽しげに回想していたことも、紹介したとおりである。

また、じつは古関の最初の大ヒット曲『船頭可愛《せんどうかわい》や』を、三浦はひどく気に入

り、

「私にも歌わせてちょうだい」

と、古関に頼んだことがあった。

古関は、まだ新米ペーペーの作曲家、対して相手は、世界的大歌手である。

「恐縮です。三浦先生に歌っていただけるなら、こんな嬉しいことはありません」

もちろん古関は、狂喜乱舞。会社としても、世界的歌手の三浦が流行歌を歌ってくれるとなれば「これはヒット間違いなし」と大喜びで、早速レコーディングし、商品化した。

当時、コロムビアでは、世界的に著名な音楽家のレコードにだけ、青いレーベルを用いていた。そして、これを通称「青盤」と呼んでいた。コロムビアは、この「三浦環版『船頭可愛や』」も「青盤」として売り出し、大反響を得た。

古関はまた、のちに『月のバルカローラ』という曲を作り、これを三浦に献呈している。三浦のソプラノを遺憾なく発揮させる名曲である。三浦は、これもまた気に入って、

「古関さんは、クラシックにもすばらしい素養をお持ちね」

と、大いに誉めてくれた。そして、これもまた昭和十五年（一九四〇）に、コロ

ムビアから「青盤」の一枚として、発売された。

生涯に五千曲を作曲し、無数のレコードを出した古関にとっても、じつはこの「青盤」のレコードは、三浦が歌ってくれたこの二枚だけなのである。

かつてオペラ歌手を目指してレッスンを重ねていた金子にとっては、三浦環は、憧れの存在であった。我が夫の作った曲を三浦に歌ってもらえたことは、金子にとっても誇りだった。

それだけに、三浦の訃報は、金子にはショックだった。

「三浦先生が亡くなられた。戦争が終わって、音楽も自由になって、三浦先生も、これからますますご活躍するはずだったのに……」

金子の沈みようは、古関にとって少なからず驚きだった。

「金子さんは、それほどに三浦先生を慕《した》っていたのか」

それは金子の、声楽、延《ひ》いてはオペラに対する想いの深さを示している。

「やはり、金子さんには、オペラの舞台に立ってもらいたい」

三浦が亡くなった時は、まだ古関家が福島に疎開していた頃である。金子も病後療養中で、本格的な声楽の練習の再開などは、とてもできない時期だった。せいぜい地元の小学校の音楽室を借りて、体力回復の目安をうかがうために歌う程度だったことは、前述したとおりである。

しかし、古関の「金子をオペラの舞台に」という想いは、じつは、三浦環の死をきっかけに再燃し、密かに、心の隅でずっとくすぶり続けていたのだ。

さらに言うなら、オペラに対する熱意は、じつは古関も金子には負けていなかった。

古関としても、流行歌で生計を立てているとは言え、もともとクラシック畑の人間である。作曲家デビューする前から、オペラの作曲には、多大な興味と憧れを持っていたのだ。

そして、三浦環の死から三年。

昭和二十四年（一九四九）。

その古関の夢が、ついにかなう時が来た。

「古関君。君、奥様のためにオペラを書かないかね」

そう言ってきたのは、塚本嘉次郎《つかもとかじろう》という人物である。

塚本は、海外でも著名だった男性オペラ歌手の藤原義江《ふじわらよしえ》などを手がけた、敏腕マネージャーだ。コロムビアでも、数多くの人気歌手を発掘し育ててきた。

そんな塚本からの提言であれば、これは実現性が高い。古関の胸中に、

「ついにチャンスがめぐってきた！」

と、熱いものが込み上げてきた。

「塚本さん。本当に、僕にオペラを書かせてくれるんですか。それも、妻の出演する」

「ああ。君の奥様の声が本物だということは、音楽業界の何人もが知っている。それに君が優れたクラシックを書けることは、三浦環さんの折り紙付きだ。ぜひ、やりたまえ」

「ありがとうございます！　せいいっぱいやらせていただきます」

ひょうひょうとした天才肌の古関にしては、珍しく興奮気味の様子に、塚本も多少驚いた。

「やはり君は、奥様を世に出したかったんだね」

「はい。妻の音楽の才能を、家庭のために犠牲にさせているような後ろめたさを、ずっと感じていました。塚本さんのおかげで、やっと願いがかないます」

「うん、うん。君がそこまで言うのだったら、きっとすばらしいオペラになるだろう。期待しているよ」

古関は塚本からの話があった日に、大急ぎで帰宅。家に駆け込んだ。

「金子さん！　金子さん！　どこだい」

「はい、はい。ここにおります」

金子は、割烹着《かっぽうぎ》で両手を拭《ふ》きながら、台所から顔を出した。夕食の支度をしていたのだ。しかし、古関の様子がいつもと違う。金子は不思議に感じた。

「どうなさったんです。子供たちが驚きますよ」

「そんなことは、どうでもいい！」

夫の高揚《こうよう》ぶりに、ますます驚く金子。これほど興奮気味の古関を、金子はこれまで見た記憶がない。何が何やら、何が起こったのか、とっさに金子には想像もできなかった。

「いったい、何があったんですか」

「オペラだ。ラジオでオペラを書くんだ」

古関がクラシック系の作曲を好んでいることは、金子も、もちろん知っている。

「まあ。それは、おめでとうございます。あなたの長年の夢でしたものね」

金子は、ようやく合点したという顔をした。

「そうじゃないんだよ。ただのオペラじゃない。君が出演するんだ」

「えっ」

今度は、金子が驚愕の色を見せた。

「今、なんて……」

「だから、君が出演するオペラを書くことになったんだ」

「まあ……」

金子は、唖然とした。頭の中が真っ白になった。

金子としては、戦後になってからも、家庭の仕事と三人の子育てで、半ば音楽の道はあきらめていた。いや。「忘れていた」と表現したほうが正しい。

それがいきなり、オペラ歌手としてラジオに出演するというのだ。

「そんな……。私なんかが」

「何を言っているんだい。疎開先の福島でも、ずっと歌っていたじゃないか。君の声は、本物なんだ。世界中のどんなオペラ歌手にも、負けやしないよ」

ここまで言うと、やや過大評価気味である。古関の興奮は、どうやら冷静さを彼から奪っていたらしい。

「よーし、早速、取りかかるよ。必ずすばらしいオペラにするぞ。ラジオの向こうで、誰もが感動で涙を流すような、大作にしてみせるぞ」

呆然と立ち尽くす金子をよそに、古関は上着を金子にわたすと、そのまま書斎に飛び込んでいった。

「私が、オペラを……」

金子は、まだ信じられなかった。

けれど、玄関先でただ一人立っているうち、徐々に喜びが込み上げてきた。その喜びを、金子は噛み締めた。

「お母様。どうなさったんです？」

学校から帰った長女の雅子は、玄関に立ち尽くしている母親の、ただならぬ様子に驚いた。

「なんでもないのよ」

だが、そう答える金子の顔は、輝いていた。

「何か、すてきなことがあったんですね」

「いえ。本当になんでもないの。さあ、さあ。お夕飯の支度をしなくちゃね」

台所に戻る金子の足取りが、なにやら軽やかなことに、雅子は気づいた。

「きっと、すてきなことね」

雅子も嬉しくなって、笑顔で自室へ向かった。

古関作曲の三大オペラ

この機会に、古関が書き上げた創作オペラについて挙げると、全部で三篇である。

『朱金昭《チユウチンチヨウ》』

『トゥーランドット』

『チガニの星』

これら三作品は、昭和二十四年（一九四九）から二十五年（一九五〇）にかけて、放送された。一回三十分で、それぞれ二、三回の放送でまとめられた。

台本は、東郷静男《とうごうしずお》。かつて宝塚歌劇の制作や演出を手がけた大ベテランで、宝塚を退社後はNHKの仕事に関わり、その一方で、東宝演劇部の舞台演出も務めていた。宝塚初期の黄金時代を築いた女優・小夜福子《さよふくこ》の夫でもある。

演出は、近江浩一《おうみこういち》。のちに映画監督として活躍するが、当時はNHK演芸部に所属していた。

古関は、台本作りにも積極的に参加し、東郷と相談しながら、三つのオペラのドラマを作り上げた。

『朱金昭』は、元はイギリスのミュージカル（フレデリック・ノートン作曲）である。

舞台は、中東のバグダッド。盗賊団に誘拐された花嫁が、逆に大活躍して盗賊団を出し抜くという痛快なドラマだ。

「東郷さん。『朱金昭』は、本場ロンドンの作品にも引けを取らない傑作にしましょう」

古関は、東郷に迫った。大ベテランの東郷も、古関の迫力にタジタジである。しかし、そこは大ベテラン。

「よし。それなら、NHKの総力をかけて、大オーケストラを編成しよう。歌手も、君の奥様のほかにも一流どころを揃えよう」

と、予算などお構いなしで、壮大なスケールのラジオ・ミュージカルを構成した。

また、二作目の『トゥーランドット』は、あの『蝶々夫人』なども作曲した、言わずと知れたイタリアの大オペラ作家プッチーニの絶筆作である。

舞台は、中国。美しいが冷酷な性格の姫・トゥーランドットに恋をしたダッタン国の王子カラフが、トゥーランドットの繰り出す難問を次々とクリアし、ついにトゥーランドットの心を射止めるといった、大恋愛ドラマだ。

我が国の大傑作古典『竹取物語』の「五人の貴公子の求婚譚《たん》」にも通じる、いわゆる「求婚難題譚」の一種である。

古関と東郷は、プッチーニの原作を踏襲しながらも、作品自体は新たなものにし、原作以上にスケールの大きなオペラに仕上げた。

三作目の『チガニの星』は、東郷と古関による完全新作のオペラである。舞台は、ハンガリー。ドラマは、移動民族たちによる陽気なものだ。

いずれの作品でも、金子は重要な登場人物を任され、当時の音楽界の第一線で活躍していた歌手たちと共演した。

演奏も、当時としては「これでもか」と言わんばかりの一流奏者を集め、オーケストラの大合奏から、ヴァイオリンやチェンバロの哀愁ある独奏まで、ありとあらゆる演奏が盛り込まれた。

この出演話を聞いた当初こそ「私なんかに……」と、謙遜してみせた金子ではあったが、こと声楽については、家庭の仕事に没頭していた日々のあいだにも、秘めたる自信が心の底に眠っていたのだろう。その自信が、ムクムクと頭をもたげてきたのだ。

「あなた。私、やるからには、最高の声をお聞かせしますわ」

強い決意に満ちた目で、古関に宣言した。

「そうだ、それでこそ金子さんだ」

古関も、金子のやる気に、感無量だった。

金子の声楽の師は、前述したとおりベルトラメリ能子《よしこ》である。だが、彼女は鎌倉に移住していたため、新たに教えを請うことはできない。

そこで金子は、能子のさらに師であり藝大教授であるディナ・ノタルジャコモに、教授を頼んだ。ノタルジャコモは、我が国におけるシャンソン歌手の第一人者である高英男《こうひでお》などを育てた、世界的な音楽指導者である。

金子の声を初めて聞いたノタルジャコモは、思わず感嘆の声を上げた。

「なんてすばらしい！　これほどの声量の持ち主が、日本人女性にいたなんて。あなた、能子のところにいた頃から、だいぶ時間が経っているのでしょう。今まで、いったい何をしていたの」

「主婦をしておりました」

サラリと答えた金子に、ノタルジャコモは、ビックリするやら、あきれるやら。

「……と、とにかく、時間がないのでしょう。大急ぎで仕上げましょう。あなたなら、すぐにも超一流のオペラ歌手になれるわ」

ノタルジャコモは、金子を、大きな声量と幅広い音域を求められる「ドラマティック・ソプラノ」の歌手として育てるべく、猛特訓を課した。その猛特訓も、金子にとっては、苦しいどころか、その何倍も楽しかった。金子はノタルジャコモの期待どおり、みるみるうちに実力を付けていった。

そして、いよいよ収録の日。

広いNHK第一スタジオには、大オーケストラが陣取った。集《つど》った歌手は、藤山一郎や、東郷の妻で元・宝塚トップスターの小夜福子など、これまた、そうそうたるメンバーである。

「では、収録前のリハーサルを始めます」

東郷が声をかけた。

「古関金子さん。まずは、第一声を」

「はい」

金子は、なにしろ声楽の力量はもちろんだが、度胸も天下一品である。全く臆することなく、マイクの前に立った。

「大丈夫。金子さんなら、きっとすばらしい声を響かせてくれる」

金子を信じ切っている古関ではあった。が、やはり正直、一抹の不安はあった。なにしろ、金子が、これだけの一流音楽家たちに混じってラジオで歌うなど、全く初めての経験なのである。

ところが！

金子が第一声を放つや、スタジオ中が、

「おおっ」

と、感嘆の声でどよめいた。

それほどに金子の声は、力強く、音域が広く、澄《す》んでいた。

完璧だった。

「すごい」

藤山一郎の口からも、賞賛の言葉が自《おの》ずとつぶやかれた。

こうして、古関念願の、金子出演による三篇のラジオ・オペラは、無事に放送された。

ラジオの前の聴衆は、戦後の日本人による本格的なオペラに、大感激した。

「金子さんの声は、広いＮＨＫの第一スタジオを、すっかり占拠したよ。すばらしかった。さすがだね」

古関は、嬉しくて仕方がない。収録の日は、帰ってからも興奮覚めやらず、我が妻の歌を、誉めそやした。

「だって私、大作曲家・古関裕而の妻ですもの」

金子は、笑って答えた。

「そうだ。そのとおりだ。君は、この古関裕而が世界一誇れる妻だ」

古関は、金子の声をついに全国に示せたことで、最上の喜びを味わっていた。

さて、この三篇の「古関夫婦渾身《こんしん》のオペラ」だが、信じがたいことに、今日収録テープの所在は不明である（令和元年〈二〇一九〉時点）。

また、このテープがアメリカに送られたという記録もあるが、これまた詳細は不明のままだ。

したがって、今このオペラを聴くことはかなわない。幻《まぼろし》のオペラとなっている。

そして、金子がこののち、オペラ歌手として大々的に活躍することは、ついになかった。彼女は、また古関家の家事と子育てに忙殺される日々に戻ったのである。

金子は、それで十分に満足だった。

「あのオペラ出演は、私の一生で一番の宝物です。本当に、ありがとうございました」

金子は何かの折につけ、満面の笑みで、古関にこう礼を述べた。その笑顔は、確かに満足し切ったものだった。

「良かった」

古関は、金子のその笑顔を見るたびに、肩の荷が下りた気がした。そんなふうに思わせてくれる金子の笑顔が、心底ありがたかった。

昭和二十年代最後の転機

昭和二十五年（一九五〇）、ＮＨＫは「ＮＨＫ放送文化賞」を創設した。その名のとおり、放送文化の開拓や進展に貢献した各界の人物を表彰するものである。

そして、昭和二十八年（一九五三）。第四回の受賞者として、菊田と古関、そのほか二名（義太夫《ぎだゆう》の第一人者・豊竹山城少掾《とよたけやましろのしょうじょう》、女優の水谷八重子《みずたにやえこ》）が、選ばれた。

菊田は、受賞の挨拶で、こんなことを語った。

「放送文化賞ができましてから、『僕も欲しいなあ。いつかもらえるかなあ』と、ずっと思っていました。けれど、僕としては正直、大したドラマも書いていなくて、本当にもらえると聞いた時は、とてもビックリしちゃいました」

そして、菊田はこう続けた。

「僕のラジオドラマには、古関裕而さんの音楽が欠かせません。古関さんとは、もう十五年くらいの付き合いで、仕事のコンビです。

古関さんは、僕が、どんな無理難題の注文をしても、いつも一所懸命に音楽を作って奏でてくれます。僕の作品が評価されたとすれば、それは全く古関さんのおかげです。このたび、その古関さんとともに受賞できたことが、もっとも嬉しいことです」

古関もまた、この挨拶に応えるように、次のような挨拶をした。

「菊田さんのすばらしい数々の放送劇に携われたおかげで、僕の今回の受賞があったと思います。菊田さんと一緒に仕事をしてきたことに、本当に感謝しています」

会場から、万来の拍手が起きた。昭和二十年代のラジオドラマにおける「菊田・

古関」の名コンビが、もっとも輝いた瞬間だった。

菊田と古関は、ともに笑みを交わし合った。

ちなみにこの年の春、古関の次女の紀子は、無事に姉の雅子と同じ「日本女子大学」に合格し進学した。また、長男の正裕は、成城学園小学校に入学。戦争を乗り越えた古関家は、うららかな春の陽に包まれていた。

そして、昭和二十九年（一九五四）、春。

大人気ラジオドラマ『君の名は』が、大団円を迎える。

その年の夏。菊田は、これを機に期するところがあった。

ラジオドラマの仕事を退き、舞台の創作に専念することにしたのだ。そして、請われて東宝の演劇部門の重役の地位に就いた。

東宝に移るにあたり、菊田は古関と、ささやかな席を設けた。もっとも古関は下《げ》戸《こ》だから、酒のない、お茶と料理だけの可愛らしい席である。

「僕は、これから舞台の仕事に、腰を落ち着けてやっていくつもりだ。ドラマ、ミュージカル、オペラ……。いろいろな舞台を作っていきたい。その中で古関さん、音楽はやはり君にしか頼めない。これからは、ラジオの時以上にいろいろと無理を頼むことになると思う。でも、頼むよ。僕には、君の音楽しか考えられないんだ」

菊田は、真剣な顔で、古関に頭を下げた。

古関は嬉しかった。

菊田にここまで信頼されていることを実感した嬉しさは、もちろんある。だが、それ以上に、舞台の音楽を手がけられることにワクワクした。

「菊田さん。もちろんだよ。大いに、すばらしい舞台を作っていこう」

古関の目の輝きに、菊田も安堵《あんど》した。

「それを聞いて、本当に安心した。これからは、ドシドシおもしろい舞台を作っていこう」

このの ち、古関の仕事は、ラジオから離れ、舞台を中心に回っていく。

もっとも、その間も、映画の主題歌や、ラジオのコマーシャル音楽。それに、普及し始めたばかりのテレビのコマーシャル音楽など、とにかく作曲・編曲・演奏指揮と、仕事は多岐にわたり、目が回るような忙しさだった。

けれど、古関は楽しかった。

「あなた。本当に楽しそうね」

金子も、古関とともに喜びを分かち合っていた。

第五章　舞台と映画と『オリンピック・マーチ』

菊田・古関の舞台奮戦記

昭和三十年代を中心に展開した菊田と古関による舞台は、いずれも傑作揃いである。

記念すべきコンビ初作品である昭和三十一年（一九五六）の『恋すれど恋すれど物語』から、昭和四十三年（一九六八）の『まぼろしの邪馬台国』まで、その数は五十篇ほどを数える。

たとえば、昭和三十四年（一九五九）初演の『がめつい奴』は、戦後の演劇史において三百七十回という、当時としては未曾有のロングラン作品となり、観客動員数は、二十万八千六百人を超えた。

この記録は、「劇団四季」による『キャッツ』の登場まで破られることはなかった。

また、林芙美子《はやしふみこ》・原作、森光子《もりみつこ》・主演の、言わずと知れた舞台『放浪記』もまた、菊田の脚本であり、音楽は、もちろん古関。初演は昭和三十六年（一九六一）であった。

この大ロングラン上演は、平成二十一年（二〇〇九）に、二千回という大公演記録を打ち立てている。森は、八十九歳という高齢で、見事に舞台をやり切った。

さらに、昭和三十八年（一九六三）には、ブロードウェイ・ミュージカルの古典的名作『マイ・フェア・レディ』を、我が国で初めて、菊田が翻訳上演。それまでに公開されていたいくつもの我が国のミュージカルを、すっかりかすませるほどの大傑作として、人々に熱狂的に迎えられた。もちろん、楽曲を日本版として見事にアレンジしてみせたのは古関である。

もっとも、東宝舞台での長期にわたる二人の仕事は、常に順風満帆《じゅんぷうまんぱん》というわけではなかった。

なにしろ、第一作『恋すれど恋すれど物語』の初日から、ハプニングの連続だったのだ。

初演は、昭和三十一年（一九五六）二月九日。場所は、東京宝塚劇場。出演には、今日において伝説の喜劇人とも言えるエノケン（榎本健一）や古川ロッパなど、東宝の喜劇俳優が総出演という豪華なものだった。

「さあ、いよいよ幕開けだ」

菊田が、威勢よく声をかける。古関も、オーケストラ・ボックスで指揮棒を握り締め、緊張と期待で胸を躍らせていた。

ところが、やはり人のやること。ましてや、初日のこと。大道具係が、たいへんなミスをやらかした。

舞台で、建物の二階のシーンが演じられて暗転。ここで、二階のセットが降下して、出演者たちがセットから降りる……はずであった。

ところが、二階のセットが下りない。セットの上にいる出演者たちは大あわて。

「ちょっ、ちょっと、早く降ろしてよ」

と、大騒ぎ。観客席では、暗い舞台でドタバタしている様子を見て「何事か」と、ざわつく。苦笑ももれ聞こえて、菊田も、顔面蒼白。

「とにかく、早く下ろすんだ」

という菊田の怒りの声に、大道具係は必死で、セットを動かす。なんとか無事に下りたものの、ずいぶんと間《ま》の抜けたタイミングで、ようやく舞台に光が射した。

ところが、ハプニングはこれだけでは収まらない。

今度は、古関が指揮棒を握ったまま、動けなくなった。

「古関さん、どうした」

「いや、それが……」

古関は、ひどい苦痛に顔をゆがめ、身体をかがめる。今度は、オーケストラの奏者たちが一斉にざわつき始めた。

古関の苦しみようは、尋常ではない。

「うう……」

と、うなったまま、ついにバタリと倒れてしまった。

「おい。担架だ、担架だ。救急車」

こうなると、セットの不具合など問題ではない大事件である。古関は、そのまま病院に運ばれた。舞台のオーケストラ指揮は、急きょ別の人物に引き継がれ、なんとか初日は、トラブル続発の中、それでも終演まで漕ぎ着けた。

そして、

「古関さん。古関さん」

という、泣き出しそうな悲痛な声に、古関は目を覚ました。

病院のベッドの上である。

じつは、古関は数年前から、胃に軽い痛みをずっと感じていた。だが、仕事が忙しいし、それ以上に仕事が楽しくて、胃の痛みなど、ほとんど気にしていなかったのだ。

ところが、これが胃潰瘍《いかいよう》だったのである。

「心配をかけた。済まなかったね」

古関は、菊田にベッドの中から弱々しい笑顔を見せて、謝罪した。

「まったく、身体の具合が悪かったのなら、最初から言ってくれればよかったものを……」

菊田は半ベソ顔で、怒ってさえいるようである。

「でも、生きていてくれただけでメッケモノだよ。君が倒れた時は、僕はもう駄目かと思った」

そこへ、医者と話をしていた金子《きんこ》が、入ってきた。

「菊田さん。このたびは、うちの者がご迷惑をおかけしました」

古関の病状に対する不安は、金子のほうが菊田以上のはずである。だが、そこは気丈な金子。取り乱すことなく、菊田にわびた。

「なんの、奥さん。奥さんこそ、ご心配でいっぱいだったでしょう」

ここで金子は、初めて少し目を潤ませた。

だが、しっかりした口調で、

「古関は、しばらく自宅療養で様子を見ることにいたしました。本当にご迷惑をおかけします」

と、再び頭を下げた。古関は、そんな金子を頼もしく思うとともに、申しわけなくて仕方なかった。

結局、古関の胃潰瘍はかなり進行しており、自宅療養ではとても回復は見込めないということが判明した。そして外科の病院に入院して手術することになった。

幸い、手術は無事に済んだ。が、患部である胃の四分の三を摘出するほどの大手術だった。

それにつけても、金子は気丈である。医者に、

「患部をご覧になりますか」

と聞かれると、すぐさま、

「はい」

と、答えた。夫の病については、すべて知っておきたかったのである。

切り取られた胃の内面は、古びたゴム管のようにヒビが入っていた。その真ん中が盛り上がり、そこからどす黒い血が、火山の噴火口から噴き出したように、流れ出ている。

さすがの金子も、一瞬、たじろいだ。

けれど、これほどまでにひどくなっていた夫の身体に気づけなかった自分自身が、悔しかった。

「私が、もっと気をつけていれば……」

金子は独り、歯噛みした。

こののち、古関は一カ月ほど療養して、なんとか現場復帰できるにいたる。四分の一になってしまった胃が、腸と結合して十分な機能を持ち直すまでは、消化の悪いものは食べられない。乳製品も御法度《ごはっと》だ。

それでも、古関は仕事を続けた。『恋すれど恋すれど物語』は、大好評のうちに千秋楽を迎え、そのすぐあと、七月には、第二作『俺は知らない』が上演となった。

こののちも、菊田と古関はコンスタントに、次々と舞台作品を発表していく。

もっとも、菊田は、じつは、かなり遅筆なのである。台本の仕上がりが遅くて、そのくせ、古関には音楽作りを急《せ》かせる。

台本はシーンごとに書き上げ、すぐに古関に回す。一方で、できあがったシーンの舞台稽古に、菊田は出向く。

ところが、稽古の中で肝心の曲が届いていない。

「おいっ。音楽はまだできないのか」

古関を怒鳴りつける菊田。

「できるわけないだろう。原稿をわたしてきたのは、ついさっきじゃないか」

と、古関は、あきれて返事する。

菊田は、シーンごとに書き上げた台本の順序が、頭の中でゴチャマゼになっていたのだ。

「あ、そうか。済まなかった」

大声で怒鳴っただけに、体裁が悪くなって頭を掻《か》く菊田。古関は、そんな菊田の、舞台にかける子供っぽいほどの情熱が可愛らしく感じるほどで、

「いいよ、いいよ」

と、笑って返すのだった。なんとも、ハートフルな男の友情である。

『モスラの歌』

古関が、菊田とのコンビで東宝の舞台作品を作り続けていた昭和三十年代。

もちろん東宝は〝本業〟である映画制作にも、邁進《まいしん》していた。

古関は、あくまでもコロムビアとの契約で作曲家人生を歩んだのであり、映画会社からの制約は受けていない。彼は、依頼があれば、東宝に限ることなく、大映、松竹などの映画音楽も手掛けている。

戦中の東宝映画の曲として、古関の代表的なものと言えば、筆者としては、昭和十八年（一九四三）公開映画『決戦の大空へ』の主題歌『決戦の大空へ』を挙げたい。

映画タイトルと同じ曲名である。第三章で紹介したあの『若鷲の歌』（挿入歌）とともに、同映画の主題歌として発表された。

作詞も『若鷲の歌』と同じく西条八十。これを、藤山一郎が朗々と歌い上げた（『若鷲の歌』の歌手は、霧島昇《きりしまのぼる》）。

この映画は、パイロットを目指して日々鍛練に明け暮れる若者たちの姿を描いたものだ。表面上こそ「戦意高揚」をテーマとしているものの、そこに描かれているのは、パイロットを目指す若者たちの純粋なひたむきさである。「青春映画」の一種と言ってもよいだろう。

しかし、戦局が厳しくなっていた当時の作品だけに、どこか全編を通じて哀愁を帯びている。

古関による旋律も、ただ勇壮なだけではなく哀感があふれた名曲である。

さて、戦後になると、東宝は、当局の検閲から解放されて、さまざまな映画作品を世に送り出すことになる。

そんな中で、今日にいたるも、世界的に高い評価を受け続けているジャンルが、昭和二十九年（一九五四）公開の『ゴジラ』を皮切りとした「怪獣映画」である。

古関裕而と怪獣映画。

なにやら不釣り合いな感が、否めない。

ところがドッコイ、古関の曲に触れずして東宝怪獣映画は語れない。

なんとなれば、ゴジラに次ぐ東宝怪獣の大スター・モスラ。そのモスラのテーマ曲こそ、古関の作曲なのだ（ちなみに、ゴジラとモスラに怪鳥ラドンを加えて「東宝三大怪獣」と呼ぶ）。

言うまでもなく、モスラは巨大な蛾《が》の怪獣である。のちにはゴジラと共闘して人類の危機を救ってくれるなど、東宝怪獣の中でも、もっとも人類に寄り添ってくれる怪獣だ。

その初登場となる東宝映画『モスラ』は、昭和三十六年（一九六一）に公開。この作中で、当時大人気だった双子姉妹のアイドル歌手ザ・ピーナッツの扮する「小美人」が、モスラを目覚めさせるために歌う。それが『モスラの歌』だ。

モスラヤ　モスラ
ドゥンガン　カサクヤン　インドゥ　ムウ

摩訶《まか》不思議な、神秘的な呪文を唱えるような歌詞である。

が、これは、全くの創作語というわけではない。インドネシア語をベースとして一部に中国語や英語を織りまぜたもので、立派な意味がある。全体として述べるならば、モスラに「人類の平和のために生まれ、我等を守れ」と願うものだ。

古関は、戦中に南方慰問に赴いた際、積極的に現地の音楽を蒐集、研究した。

彼は、確かに「閃き重視」の天才肌の作曲家であった。が、それ以上に熱心な音楽の勉強家であった。あの『イヨマンテの夜』もまた、彼がアイヌ文化に造詣が深かったからこそ作り得た曲だ。

この『モスラの歌』も、古関が長年にわたって東南アジアの音楽を学び、それを

〝自らの血肉〟としていたからこそ、できあがった傑作だと言えるだろう。

『モスラの歌』は、じつに重厚にして、東南アジアの風を感じさせる奥深いメロディであり、だからこそ令和の今日にいたるまで、多くの我が国の人々の耳に馴染む名曲の一つとなっている。

東京オリンピック

昭和二十年（一九四五）八月十五日。我が国の敗戦によって、大東亜戦争は終結した。

その後の国内は、混乱と復興の日々を重ねたが、敗戦後の十年間は食料難が続き、決して安定した日常は、人々に与えられなかった。

我が国が降伏によって受け入れた「ポツダム宣言」の執行のため、国内の行政に大きく関与していた進駐軍は、昭和二十七年（一九五二）に「日米行政協定」の締結、続いて「平和条約」の発効によって、日本政府に実質的政権を返した。

ここにいたって、ようやく我が国は敗戦後、事実上の独立国として、国際社会に再び認められたのである。

「日本の復興を世界に知らしめるため、東京でオリンピックを開こう」

日本政府は、こうした悲願を打ち立てた。

第四章でも述べたとおり、我が国は、昭和十五年（一九四〇）のオリンピック開催権を手にしていた。だが、時は大東亜戦争の真っただ中。とても開催はできないと判断した政府は、この開催権を返上した。

そして、敗戦後の昭和三十五年（一九六〇）開催のオリンピックに、再び立候補した。しかし、この時は、ＩＯＣ総会の投票によってローマに敗れた。関係者は、悔しさに涙した。

そんな歴史を踏まえてついに、昭和三十九年（一九六四）のオリンピック開催権を、得られたのだ。

当時は「有色人種国家で開催される初のオリンピック」として、欧米各国からは、

「本当に、まともなオリンピックが開けるのか」

といった、侮蔑的な懐疑の目さえあった。だが、それだけに、

「このオリンピックは何がなんでも成功させなければ」

といった悲痛なほどの決意で、我が国は準備に取りかかった。

これこそが、「東京五輪」の通称で今日にも伝わる「第十八回オリンピック競技大会」だ。

さて、「オリンピックの花」と言えば、さまざまな競技があれど、やはり開会式であろう。

出場国の選手たちが次々と会場に登場し、一同が打ち揃う。そして、聖火台に聖火がともされる。まさしく、現代人類が催す最高の舞台だ。

開会式では、国歌である『君が代』のほかに、三つの曲が用意されることとなった。

まずは、式の冒頭に流される「序曲」。

そのあとに、我が国音楽の最先端を世界に知らしめるための、電子音による組曲。

次に、天皇皇后両陛下がロイヤルボックスにご着席して『君が代』を流す。

そして、いよいよ選手入場とともに、大々的に「入場行進曲」が流れる——という寸法である。

この中で、もっとも世界の注目を集めるのは、やはり「入場行進曲」であろう。

世界中から集まった、参加九十三カ国の選手たち、総計五千百五十二人。彼らが、故国の威信を背負って、次々と入場してくる。そのバックに流れる行進曲。まさしく開会式のクライマックスである。

　では、『君が代』以外の三曲の作曲を誰に依頼するか。

「序曲」は團伊玖磨《だんいくま》（一九二四～二〇〇一年）に、電子音による組曲は、黛敏郎《まゆずみとしろう》（一九二九～一九九七年）に、それぞれ依頼することが決まった。いずれも、我が国を代表する一線級のクラシック音楽の作曲家である。

　そして残るは、入場行進曲。どんな曲がよいか、オリンピック組織委員会のメンバーは意見を出し合った。

「入場行進曲は晴れやかな、世界中の人々の心を躍らせるようなものにしたい。クラシック調の重厚なだけの音楽では、物足りないだろう」

「そうだ。それに、スポーツの祭典なのだから、やはり躍動感あふれるものでなければ。それに加えて、世界中から認められるだけの〝全人類的な〟楽曲で、しかも、いかにも〝日本を感じさせる〟ものにしたい」

　ずいぶんと無理難題な注文である。

　だが、彼らには、共通して一人の作曲家の名が、すでに頭に浮かんでいた。

「古関裕而に頼もう」

あの『紺碧《こんぺき》の空』を始めとして、数々のすばらしい「スポーツ音楽」を作ってきた古関である。大会関係者に無論、古関の名を知らない者はなかった。

「彼ならば、きっと最高に花のある行進曲を作ってくれる」

こうして、コロムビアを通じて古関に、

「東京オリンピックの入場行進曲を」

という依頼が舞い込んだ。昭和三十九年（一九六四）二月のことである。

この依頼を初めて知った時、古関はやはり驚いた。

聴衆は、世界中の人々である。世界中から注目され、世界中の人々が耳をそばだてる音楽である。

「僕が、オリンピックの入場行進曲を……」

古関の肩に、その音楽の持つ〝重み〟が、ズシリとのしかかってきた。

だが、そこはやはり天才作曲家・古関。プレッシャーを感じるより先に、その仕事の大きさに、今までに感じたことがなかったほどの高揚感が、じわじわと湧き上がってきた。

プレッシャーではなく、興奮で、身体中が打ち奮えた。顔が上気して、真っ赤になった。

「なんという名誉だ」

古関は最高の気分で、胸がいっぱいになった。唇を嚙み締め、目をつぶり、じっと、その感動に酔いしれた。

「古関先生。大丈夫ですか」

古関の異様な雰囲気に、話を伝えたコロムビアの人間は、狼狽《ろうばい》した。

「そんなにご心配なさらずとも……。先生なら、きっとすばらしい行進曲をお作りになれますよ」

コロムビアの人間は、てっきり古関がプレッシャーに押し潰され、打ちひしがれていると、思い込んだようである。おずおずと、なぐさめの言葉をかけた。

ところが古関は、顔を上げるなり、

「もちろんです。最高の曲を作りますよ！」

と、高らかに宣言した。その言葉の響きには、一点の不安もなかった。

「は……はい。そうですね……。いや、そうですとも！ 組織委員会にも、先生の決意をお伝えします」

コロムビアの人間は、古関の意外な反応に一瞬あたふたしたが、古関の熱意がすぐに伝わって、自分まで興奮で胸いっぱいになった。

その日、古関は早々に退社した。自宅に着くなり、玄関先から、

「金子さん！　金子さん！」

と、大声で金子を呼んだ。

「はい。はい。お帰りなさいませ」

古関の尋常ならざる大声に、金子はあわてて、飛び出してきた。

「どうなさったのですか」

古関の興奮した顔を見るなり、金子は驚いて問いかけた。

「やったよ。やったんだ。オリンピックだ」

早口にまくしたてる古関。金子は、古関の迫力に気圧《けお》されて、すぐには、その言葉の意味が、まるで分からなかった。

「な、なんですって。オリンピックが、どうしたんですか」

「だから、オリンピックの入場行進曲だよ。それを僕が頼まれたんだ。作曲家として、最高の仕事だよ」

ここにいたって、ようやく金子も事の重大さを理解した。

「そ、それは、おめでとうございます」

「ああ。きっとすばらしい曲を作るぞ。世界中に、僕の曲を届けるんだ」

古関は、興奮しながらも満面の笑みである。

「どうしたの」

玄関先の騒ぎに、たまたま帰省していた長女の雅子《まさこ》が、顔を出した。

「お父様が、オリンピックの入場行進曲を頼まれたんですよ」

「えっ。オリンピックの」

雅子も、驚きを禁じ得なかった。

オリンピックの入場行進曲。世界中に響きわたる音楽。それを、我が父が。

「すごいですね、お父様」

古関家はその日、お祭り騒ぎであった。


『オリンピック・マーチ』


さて、いよいよ作曲のイメージ作りをする段になって、古関は一人、机の前で思い悩んだ。

「日本が、戦後の復興を世界に伝える大会だ。そして、世界中の若者たちが、平和を謳歌《おうか》する大会だ。この二つの意味を持ち合わせる曲でなければ」

我が国の伝統的な音楽としては、雅楽から民謡まで、さまざまなものがある。古関は当然、それらを熟知している。

そうした我が国の伝統的な音楽をベースに置くことも、考えた。

しかし、それだけでは「世界中の若者」たちのテーマ音楽にはなり得ない。

古関は、「欧米の伝統的なクラシック音楽に縛られることなく、そこから、北東アジア、東南アジア、中東、そしてアフリカまでも含めた世界中の音楽の要素を取り入れ、あたかも地球をグルリと回って、この日本にたどり着くかのようなイメージの曲に仕上げたい」と、考えた。

「よし。いったん、頭の中を白紙にしよう」

無理に、理詰めで既成の音楽にこだわることはない。自分の心の中には、これまで学び、培《つちか》い、積み重ねてきた世界中の音楽が、息づいている。それらの音楽が心の中で自然と、美しくつながっていけば、世界中の若者の心を躍らせられる音楽となる。

このように〝おのれを信じた〟古関は、しばし瞑想して、心の中の音に耳を傾けた。やがて、躍動する旋律が、徐々に浮かんでくる。

「行ける！　行けるぞ」

古関は、ついに『オリンピック・マーチ』を、完成させた。

かくして、昭和三十九年（一九六四）十月十日。

東京オリンピック開会の日。午後二時。

東京国立競技場に、おごそかな『君が代』が流れた。

と、そのすぐあと。

高らかなファンファーレが鳴り響いた。

続いて、なんと軽やかな、それでいて力強い響き。管楽器の流れるような旋律。心躍るリズム。

古関の『オリンピック・マーチ』が、響きわたったのだ。

そのリズミカルな曲に合わせて、ギリシャの選手団を筆頭に、各国の選手団が次々と入場してくる。

煉瓦《れんが》色に彩られたトラックを、次々と歩んでいく世界中のアスリートたち。彼らの歩みを後押しする大オーケストラによる行進曲。

まさしく、世紀の祭典の幕開けであった。

選手たちは皆、大会に向けた強い決意に、目を輝かせている。整然と、たくましく、笑顔を見せ、曲に歩を合わせ歩みを進める。

その日の輝きには、一点の悲壮感もない。皆が、明るい未来への希望に胸躍らせ、進んでいく。

この日の前日は、台風の接近のため降雨であった。ところが、開会式当日は、抜けるような青空。まさに天までが祝福してくれたかのごとく、美しくさえある行進の姿。

そして、いよいよ最後の国がトラックに現れる。赤のブレザーに白いハットをかぶった一団。整然と、しかし楽しげに、元気よく歩む若者たち。

実況中継をするアナウンサーは、興奮を隠し切れず、熱く声を上げる。

「いよいよ最後。日本選手団の入場であります。……今、胸を張って堂々と歩む日本の若者。……日本人の一人ひとりのすべての努力は、今日この日のために表れた感じがいたします。アジアで初めて開かれた世紀の祭典。平和と人間愛と勇気の第十八回オリンピック東京大会。この日を迎えたその道は、まことに長く、本当に険しくさえあったのであります」

開会式に招待されていた古関は、ロイヤルシートで、この行進の姿をながめていた。

「平和と人間愛と勇気……」

古関は、その言葉を噛み締めた。

思い返せば、二十一年前。この国立競技場と同じ地で、もう一つの若者の行進が行われていた。

大東亜戦争末期の昭和十八年（一九四三）。このオリンピック開会式と同じ十月。しかし、その日はそぼ降る雨の中だった。

国内の数多くの学生たちが、銃を握らされ戦地に送られた「学徒出陣」。その壮行会。

彼らもまた、純粋にして、ひたむきだった。けれど、彼らは「もとより生還は期せず」と、宣言した。

古関は、日本選手団の明るい行進を見つめながら、その壮行会の映像が、思わずオーバーラップした。

二十一年前に行進した若者たち。

今、行進している若者たち。

「けれど、今、ここに歩む若者たちは、これからも生きていくんだ。僕の曲で歩む彼らは、彼らの未来を、自らの手でつかむんだ」

古関は、人知れず、心の中で涙ぐんだ。

自らもまた、あの戦争に翻弄《ほんろう》され、それでも「国のため」と信じて、音楽を作り続けた。自分の曲に送られて戦地へ赴き、散っていった若者たちも数多くいた。

だが、今はもう、今こそは、本当に自分の作りたい曲を作っていける。この若者たちの未来を照らしていけるような。

「そうだ。僕は『平和と人間愛と勇気』のために、これからも音楽を作っていくんだ」

古関は、あらためて心に誓った。

この『オリンピック・マーチ』は世界中で絶賛され、古関の名は、世界に知れわたることになる。

一方、金子は、テレビ中継でこの開会式を観ていた。テレビのスピーカーから流れてくる古関の行進曲に、我が夫の魂を、確かに感じていた。

「……お父様の曲よ」

金子は、テレビの前に一緒にいる三人の子供たちに、ぽつりと言った。

「そうね。すばらしいわ」

次女の紀子《みちこ》は、無邪気に喜んだ。

「お父様が、あれだけ興奮していたのも、分かる気がするわ。これほどの曲を作ったんだもの」

長女の雅子も、この曲の依頼を受けた日の古関の興奮ぶりを、今更のように納得した。

雅子はこの年、三十三歳。紀子は、三十一歳。結婚し、すっかり落ち着いた年齢である。この日は、母の金子を気遣って、実家に帰っていたのだ。

ただ、十八歳の長男の正裕《まさひろ》は、何も語らず、家族の傍らで黙って聴いていた。

第六章　それからの古関

長男の誕生と期待

敗戦後すぐ正裕《まさひろ》が生まれてきてくれたことは、古関《こせき》夫妻にとって、これ以上の幸福はなかった。

敗戦し、混沌とした未来の見えない時代にあって、その誕生は、まさしく「古関家の未来を照らす光明」のように感じられた。

「この子には、戦争を知らないまま人生を全うしてほしいわ」

あの戦中の苦労と、そして、いつも生命の危険を感じながら生きていた日々。空襲警報が鳴るたび、二人の娘に防空頭巾を被せて防空壕へ送り出した夜。そのつど「これが最後の別れになるかも知れない」と、心痛めたこと。

金子《きんこ》に抱かれ、産着《うぶぎ》に包まれて何も分からず元気に動き回る長男の姿を見つめながら、そんな記憶が、古関夫婦の胸に去来した。

「あなた。この子にも、音楽をやらせてあげるんでしょう」

「うん。それはどうかな。この子が望むなら、もちろんそうしてやりたいが……」

第一章で述べたとおり、古関は誰かに強要されて音楽の道に入ったわけではない。ただ、故郷・福島にあって、毎日のように父がかけていた、蓄音器から流れるさまざまな音楽。そして、近所の教会から聞こえる賛美歌の声。そんな音に囲まれて幼年時代を過ごすうち、自然と、誰に言われるでもなく、古関は音楽に魅せられていったのだ。

そして、そんな古関をよく分かってくれていた母の愛。当時は決して安くなかったはずの、玩具の小さな子供用の卓上ピアノを買ってくれた母。その鍵盤を叩き、自らの指から音色が奏でられた時の感動は、すでに三十代半ばとなっていたこの時も、忘れてはいない。

「もしこの子が、僕と同じように、音楽に囲まれた環境の中で育って、音楽を作ることに喜びを見出してくれたなら、この子が音楽に求めるすべてを、僕は与えてやりたい」

古関は、そう思った。だが、

「それは、強要するべきことじゃない」

とも、密かに自らを戒《いまし》めた。

けれど、金子は違った。

「この子は、大作曲家・古関裕而の息子なんですよ。音楽の才能があるに決まっていますわ」

と、息子が生まれるやいなや、多大な期待を寄せていた。

こうして、母の期待を一身に背負わされた古関家長男の正裕は、小学校に上がるとすぐに、ピアノを習わされた。

「しっかりレッスンしてちょうだいね。あなたは、きっとお父様のような立派な音楽家になれるのですから」

金子は事あるごとに優しく、だが、その言葉の底には厳しさを秘めた言葉を、正裕にかけていた。金子は心底から、そう信じていた。

「はい。お母様」

正裕は、素直な少年だった。

両親のまっすぐな愛情を日々、肌で感じていたからだ。金子の悲しむ顔は見たくなかったし、金子の喜ぶ顔を見るのは、正裕にとっても、嬉しいことだった。

そして、やはり両親の血筋ゆえか、音楽のセンスは確かに抜群だった。ピアノのレッスンも、決して嫌《いや》ではなかった。

「あなたは、幸福よ。私たちのように戦争の辛さを知らずに、こうして暮らしていけるんですもの」

二人の姉から戦争時代の思い出を聞かされるたびに、実際に、

「戦争が終わってから生まれた僕は、確かに幸福者だ」

と、思えた。

だが、時代は変わる。

幼かった子も、徐々に大きくなる。

古関と金子の仲は、いつも睦まじかった。正裕が十歳頃の、ある正月である。

「あら。この年賀状」

古関家では、二人の娘も帰省していた。長女の雅子《まさこ》が、家に届いた山のような年賀状の束から、一枚の年賀葉書を目敏《めざと》く見つけた。

「お母様宛よ。差出人は……お父様！」

「え？　何、何？　お父様が、お母様に年賀状を出したの？」

次女の紀子《みちこ》も、いたずらっぽく笑いながら、のぞき込む。

「『今年も仲良くしましょうね』ですって。お父様、一緒に暮らしているお母様に、わざわざ年賀状を出したの？」

二人の娘は驚くより、あきれた。

「いい、いいじゃないか。お母さんには、いつも世話になっているんだから」

古関は、照れのあまり顔を赤くし、シドロモドロで、言葉に詰まりながら、懸命に弁明する。

でも、金子は笑ったりなどしなかった。

娘からその年賀葉書を受け取ると、大切そうに胸に抱いた。

「こちらこそ、仲良くなさってくださるよう、お願いいたしますわ」

金子は嬉しげに、古関に語りかけた。

「……う、うん」

古関は、照れながら、一言だけ答えた。

そんな光景をながめながら、正裕は、両親のあいだに、自分さえ入り込めない何かを感じていた。ことに金子の自分にかけてくれる愛情さえもが、少なからず、

「この父のためなのか」

と、少年心にボンヤリと思えた。

正裕は少しだけ寂しさを感じた。

古関裕而の息子として

正裕のピアノのレッスンは、高校を卒業するまで、十二年間も続いた。金子の熱心な後押しが、正裕に〝やめる機会〟を与えてくれなかったのだ。

音楽のレッスンに限らず、金子が正裕に日々かまうことは、並みの母親のそれをずっと超えていた。はっきり言って「過干渉」であった。

古関裕而の息子として立派な音楽家になってもらいたい、という願いが、正裕への期待をいやがおうでも大きくしていた。

いや、それだけではない。

金子には、自らの音楽人生にも、ちょっぴりだけ後悔があった。

古関を支え、古関家を守ってきた人生。それ自体には、一片の悔いもない。けれど、それでも、

「自分には、オペラ歌手として生きる選択肢もあった」

という想いが心の隅に眠っていた。それが、何かの拍子にフッと浮かぶ。そんな時、

「この子には、音楽を思いっきりやらせてやりたい」

という一方的な情熱が、燃え上がるのだ。

少年時代から思春期に差しかかる頃には、金子の愛情に、正裕は少々の息苦しさ

さえ、感じ始めていた。

けれど、正裕は優しかった。決して、面と向かって金子に逆らうことはしなかった。

彼は、じつにクールな男でもあった。

金子を悲しませたくはない。けれど、だからと言って、ただ母親の言いなりになっているのも辛い。

正裕は、表面上こそは、金子の言うことをよく聞く素直な息子だった。いや。素直な息子を〝装う〟ように努めた。その一方で、適当に音楽のレッスンをさぼり、「音楽から解放される時間」を、自ら作っていた。

それが、彼のできる限りの親孝行の形だった。

父の古関の音楽にも、必ずしも心酔できなかった。

東京オリンピックの開会式が行われた昭和三十九年（一九六四）の二年前には、あのビートルズがデビューしていた。そしてこの年にはすでに世界進出を果たしていたのだ。

世界の音楽シーンは、明らかに変化の兆《きざ》しを見せていた。

「父の音楽は、どこか物足りない」

戦後生まれの正裕には、古関の音楽に、一〇〇パーセントの満足を見出せなかった。

「音楽が、僕ら若者のものならば、僕ら若者こそが音楽の主役なんだ。大人たちから与えられるものじゃない」

ほどなく、我が国でもビートルズ旋風が巻き起こり、音楽は、ロック、ソウル、カントリー、ジャズ……と、さまざまな様相を見せていく。

正裕は、それら〝新しい音楽〟に魅せられていった。これこそが、

「僕らの音楽だ」

と、思った。

それは、取りも直さず、ある面における父親の音楽の否定だった。

古関の音楽は、確かに「普遍性」と「時代性」を併せ持っている。後世においても人々に愛され続ける音楽であるとともに、大正から昭和にかけての、その時代だけが持つ温もりがある。なればこそ、彼は「流行作曲家」として大成できたのだ。

正裕は、父の音楽の、その「時代性」に、自分にそぐわない要素を感じていた。

「僕は、僕の音楽を目指したい」

正裕のそんな想いは、確かに〝真の音楽家〟のそれである。そうした意味で、正

裕は「音楽家としての古関」の〝後継者の精神〟を宿していた。

そんな息子の想いを、古関は知っていた。

正裕が「古関裕而の息子」だという〝肩書き〟に息苦しさを感じていることも、知っていた。

だから古関は、金子と違って、正裕に厳しく音楽を教えようとはしなかった。

やがて高校を卒業して大学へ進学する段になると、正裕は、金子の期待をあえて裏切って、音楽大学へは進まなかった。彼は、早稲田大学に進んだ。音楽は、あくまでも「趣味の域」に、自らとどめた。

大学では、学生バンドを組んで、ビートルズ世代らしく、時代の最先端の音楽を楽しんだ。

早稲田大学では、若き日の古関が作った名曲『紺碧《こんぺき》の空』が、応援歌として歌われ続けていた。伝統の早慶戦になると、いつも『紺碧の空』が球場に、こだました。

「良い曲だ」

正裕は、それを聴くたびに、そう思う。

けれど、それ以上の感慨は湧かなかった。それが「父親の作った曲」だということに、特別な思い入れはなかった。

正裕は、自分の音楽を求めていたからこそ、父親である「古関裕而の音楽」から、意識して距離を置いていた。

それでも、父と息子の仲は良かった。古関は、正裕の自由を尊重した。

ただ、ある時、

「父さん。聴いてみてくださいよ」

と、正裕は、自らが組んでいるバンドの曲を古関の前で奏でた。すると古関は、じっと耳を澄まして聴いたあとで、

「おまえの曲は、頭でこしらえているね。それじゃ駄目だよ」

とだけ、アドバイスした。

音楽は、心の奥底から湧き出るものだ。

先人が奏でてきた音楽を心に蓄積し、自らの〝血肉〟とし、それらのエネルギーを心に溜め込んで、それを自分の音に昇華して、一気に外へ飛び立たせる。

それが、作曲というものだ。と、古関は伝えたかったのだ。

そうやって作られた曲こそが、永遠に人々の心を揺さぶり、感動を与え続けられるものとなる、と。

古関には、自らの作品がそれだけのものだ、という自信があった。だからこそ、息子にその「作曲の精神」だけは、しっかり伝えたかったのだ。

そして、その精神を、正裕は確かに引き継いだ。

やがて平成も終わり、令和の時代になった今日――七十歳を過ぎた古関正裕氏は、父の言葉の真の意味を受けとめて、父の音楽の「普遍性」を心より愛している。そして、自らが組んでいるバンドで、古関の曲を奏で、令和の時代の人々にそれを伝える活動を続けている。

同郷の友、伊藤久男《いとうひさお》

人は誰もが、故郷に対して特別な感慨を抱く。喜び。悲しみ。楽しかった日。悔しさを噛み締めた日……。

古関の場合、ことに故郷・福島に対する想いは、生涯強かった。そして、それは父母の愛であり、音楽と青春の日々であり、戦時中に家族を守ってくれた安堵の地であり……総じて、美しく温かいものだった。

この点において、古関は〝幸運〟な男だったと言えるだろう。

昭和三十八年（一九六三）三月。

すなわち、古関が、東京オリンピックの行進曲を依頼される一年ほど前。

彼の故郷・福島で「歌手生活三十周年記念リサイタル」を開いた歌手がいた。

あの、第二章でも紹介した古関の同郷の友・伊藤久男である。

伊藤は、戦前からコロムビアの専属歌手として活躍していた。腹の底から響きわたる力強い歌声と哀愁染み入る繊細な歌声を併せ持った天才で、その歌は、多くの人々の心を捉えていた。この時期は、まさしく歌手生活の絶頂期で、「ＮＨＫ紅白歌合戦」の出場常連歌手でもあった。

伊藤は明治四十三年（一九一〇）の生まれだから、古関より一つ年下ということになる。同世代である。

じつは、この伊藤の歌の才能を見出したのは、古関であった。

昭和の初め。伊藤は、実家の反対を押し切って音楽の世界に飛び込み、生活のためコロムビアで、レコーディングの際の「合いの手」や「拍子取り」のアルバイトをしていた。

「良い声だ」

古関は、伊藤の声をコロムビアの社内で耳にして、

「この声ならば、僕の曲も、すばらしい歌として世に送り出せる」

と、確信した。

古関と伊藤は、懇意な仲となり、昭和八年（一九三三）、古関の熱心な後押しのおかげで、伊藤は歌手デビューを果たした。

「伊藤君。君の声は、たくさんの人の心を打つだけのものがあるよ。同郷の誼《よし》みでもあるし、これからも、ぜひ僕の曲を歌い続けてほしい」

「はあ。ありがとうございます。僕がデビューできたのも、古関さんのおかげですし……」

だが、伊藤の返事の歯切れは悪い。

伊藤は当初、歌手として生きていくことに煮え切らない想いがあったのだ。彼は、音楽の世界で生きる夢こそあったが、じつは歌手よりもピアニスト志望であったし、さらには、

「どうせ歌手になるのならば、オペラを歌いたい」

といった気持ちが強かったのである。流行歌手の道には、あまり興味がなかった。

そんな伊藤の気持ちを一変させたのは、戦時中の慰問団体験だった。

昭和十三年（一九三八）。中国の最前線へ慰問団として訪れた伊藤は、戦地で、急ごしらえの粗末な造りの舞台の上に立った。そこで、朗々と何曲かの戦時歌謡を歌った時、手が届かんばかりの近くの舞台下で、多くの兵士たちが、自らの歌声に涙する姿を見た。

「歌とは、こういう人たちのためにあるべきではないか」

伊藤は、この時初めて、一般大衆のために歌う流行歌手という立場に、喜びを感じ、同時に使命感に打ち震えた。その想いは、まさしく古関のそれに通じるものであった。

伊藤は、あの『露営の歌』をレコーディングした歌手でもある。当時、彼の声が日本中で鳴り響き、多くの人々が、大切な人を戦地へ送る別離の歌として、伊藤の声に倣《なら》って『露営の歌』を歌った。

伊藤は戦時中、戦時歌謡のトップ歌手であった。おそらくは古関の作った戦時歌謡曲の中で最高の逸品である昭和十五年（一九四〇）の『暁《あかつき》に祈る』も、また伊藤が歌い上げたものだ。

その歌詞は、一見「戦意高揚」を歌い上げているかのようで、その奥に込められた真意は、戦地へ一般の人々が引っ張られていく時代の残酷さであり、その残酷な時代に涙する人々の秘めた想いである。

古関は、この歌詞を受け取った時、彼もまた、慰問団として戦地へ赴いた体験が思い出された。労苦と死の恐怖に耐えて懸命に戦う兵士たちの、汗と泥にまみれた顔。それらを思い出し、その想いを一気に、五線譜に書き付けた。

伊藤は、そんな古関の気持ちを汲み取った。そして、心からの哀愁を込めた声で、古関の真意を見事に歌い上げた。

「この歌を、伊藤君に歌ってもらえて、本当に良かった」

古関は、伊藤に感謝した。

戦後になっても、伊藤は古関の曲を歌っていった。じつは彼は、あの『イヨマンテの夜』の歌手でもある。

菊田一夫《きくたかずお》と古関は、かつて『イヨマンテの夜』を完成させた時、

「これは、伊藤久男に歌ってもらうべきだ」

と、一致した。会社が、さしてヒットするまい、と高を括っていた『イヨマンテの夜』は、伊藤の力強い歌声に乗るや、多くの人々の心に届いて大ヒットした。

兄貴分、野村俊夫《のむらとしお》

さて、故郷・福島出身の音楽人で、伊藤と同様に古関と縁の深かった人物が、もう一人いる。

作詞家の野村俊夫である。

野村は、明治三十七年（一九〇四）の生まれであり、古関より五つ年上だ。少年時代、古関家の近所に住んでいて、古関にとっては良い遊び仲間であり、兄貴分だった。

成人してからは、地元の新聞社で働いていた。その頃は、古関が作曲家として東京で活動を始めていた時期である。そして、野村の作詞センスを高く買っていた古関の強い勧めもあって上京。作詞家の道に入った。昭和六年（一九三一）のことだ。

当時、古関はコロムビアに入って、まだ間《ま》もない。プロ作曲家として暗中模索の時代であった。それだけに、少年時代の懐かしい友であり兄貴分の野村を、側に迎え入れたいという願いが、古関にあったのだろう。

やがて、古関に、コロムビアから本格的な仕事の依頼が入る。もちろん、会社の求めるジャンルは流行歌である。だが、当時はクラシック畑にこだわっていた古関としては、どうにもピンと来ない。

「野村さん。何か良い歌詞は、できないですかね」

古関の嘆願に、野村は、

「僕らは、まだ東京のことなんか何も知りやしない。〝上《うわ》っ面《つら》の東京〟の歌を作るより、僕ら二人がよく知っている風景の歌を、世に示すべきじゃないか。君には、それがすでにあるだろう。ほら、前に君が僕に聞かせてくれた曲」

と答えた。

二人のよく知る風景。

もちろん、故郷・福島のそれである。

「あ、あの曲ですね」

古関は、思わずポンと手を叩いた。

かくして古関は、上京前に作った『福島行進曲』の歌詞を、野村に書いてもらったのだ。

こうして「作詞／野村俊夫、作曲／古関裕而」による新曲『福島行進曲』が、コロムビアから発売された。先に述べたとおり、これが古関の、実質的プロ作曲家デビュー作である。

胸の火燃ゆる　宵闇に
恋し福ビル　引き眉毛《まゆげ》
サラリと投げた　トランプに
心にゃ金の灯　愛の影

民謡調の曲調ながら「引き眉毛」といった艶な一言が、添えられる。

歌詞の中の「福ビル」とは、昭和二年（一九二七）に竣工された三階建ての鉄筋コンクリート製ビル「福島ビルヂング」の通称である。当時の福島が、地方都市として躍進する気概を示すシンボル的な建築物だった。

この歌は前述どおり、たいしたヒットはしなかった。だが、とにかく会社の意向に沿ったレコードを出せたことで、古関は安堵し、これからの作曲家生活の自信にも、少なからずつながったのだ。

「やっぱり野村さんに、側に来てもらって良かった」

古関は、初の自分のレコードを見つめながら、嬉しげに野村に微笑《ほほえ》んだ。

「次は、もっとヒットする曲を作ろうじゃないか」

「え。……まあ、そうですね」

野村の励ましに、古関はちょっと顔をゆがませた。その顔に、素早く古関の想いを汲み取った野村は、

「おいおい。君はまだクラシックにこだわっているのかい。流行歌だって、すばらしい音楽だよ」

と、兄貴分らしく諭すのだった。

あの『暁に祈る』の歌詞も、野村の手による。つまり、古関の戦時歌謡の名曲のいくつかは「野村の歌詞・伊藤の歌」という「福島の三人の音楽家」たちによって、人々に届けられたものなのである。

そして戦後に入った昭和二十年代。古関は、人々の心を励まし癒やす流行歌の名曲を、次々と書いていく。この時期は、コロムビアに入社したばかりの頃に互いを励まし合った、あの古賀政男《こがまさお》の作曲家人生黄金期にも重なる。

古賀と古関は、競い合うように曲を書いていったが、そのそれぞれに、野村の歌詞が用いられた。

野村は、人間的にも大きな人物で、多くの人に慕われた。昭和二十年代後半には「日本音楽著作権協会」の理事も、務めている。

故郷・福島へ捧げる曲

そして、その三人が、先に述べた昭和三十八年（一九六三）三月、伊藤久男が故郷に錦を飾った「歌手生活三十周年記念リサイタル」で、久しぶりの再会を果たしたのだ。

リサイタルの壇上に上がった野村と古関は、

「同郷の仲間として、ぜひ伊藤君に歌ってもらいたい新曲を、作りました」

と、故郷の聴衆たちに挨拶した。

「タイトルは『あぶくま川』です」

阿武隈川。

福島県から宮城県へと流れる美しい川である。東北地方で、北上川に次ぐ長さを持ち、その流れはとうとうと、豊かな水をたたえている。江戸時代から、東北地方の水運の要《かなめ》の川として、多くの船が行き交った。その光景は、福島人の心の風景に、いつも映るものだ。

「これまで阿武隈川をテーマにした本格的な歌は、なぜかありませんでした。この川の歌を世に送り出すのは、僕たち三人しかいないと、そう思ったのです」

三人の中で最年長の野村が、述べた。

伊藤は、歌う前にしみじみと、挨拶した。

「私は、お二人のお力で今日まで、すばらしい歌手生活を送ることができました。戦中も、辛い日々を送る皆さんに僕の声を届けることができたのは、全くお二人のおかげであり、故郷の面影が私に力を貸してくれていたからです。今日は、この『あぶくま川』を、僕に関わってくれたすべての皆様のために、せいいっぱい歌います」

古関も野村も、それぞれに故郷の光景を思い浮かべながら、じっと伊藤の声に耳を傾けた。

ところで、古関は、『福島行進曲』から始まって、この『あぶくま川』に限らず、数多くの故郷・福島をテーマとした曲を書いている。

その中でも、異色な小品を、一つ挙げておこう。

かつて、大正五年（一九一六）春。あの若山牧水《わかやまぼくすい》（一八八五〜一九二八年）が福島を訪れた時、やはり阿武隈川の美しさに魅せられて、歌を詠んだ。

つばくらめ　ちちと飛びかひ阿武隈の
岸の桃の花　今さかりなり

ずっと後年の昭和四十一年（一九六六）、古関はこの短歌に曲を付けて発表している。明治・大正の大歌人と昭和の大作曲家の〝時を超えた合作〟である。阿武隈川の畔《ほとり》には、その記念の碑が建立《こんりゅう》された。

流浪の歌人であった牧水の歌碑は、全国に約三百基を数える。しかし、歌碑に楽譜が添えられているものは珍しい。

古関は、生涯にわたって福島を愛し続けた。それは無論、福島が生んだ音楽人である伊藤も野村も、変わらない。

ただ一つ、古関だけが、この二人と違っていた点がある。

それは、伊藤も野村も酒豪であり、対して古関は、下戸だったということである。

盟友・菊田一夫

戦前、喜劇王・古川ロッパの劇団の座付き作家となって以来、ラジオドラマ、映画、舞台、オペラ、ミュージカル……と、我が国の昭和演劇界を牽引してきた菊田一夫。

彼は、古関にとって、もっとも信頼できる仕事のパートナーであり、もっとも愛する親友であった。

この二人、とにかく気が合う。創作家としての情熱も才能も、互いに引けを取らず、ある意味で「似た者同士」だった。

ただ、菊田が古関と大きく違っていた点が、一つある。

それは、古関が金子と生涯変わらぬ夫婦愛を貫いたのに対して、菊田のほうは、愛する女性を生涯に数人持ち、結婚と離婚を繰り返したことである。「円満な家庭人」としては、必ずしも成功した人生を歩めなかった。

菊田は、初婚後すぐに離婚。そののち、戦中から活躍していた名女優の高杉妙子《たかすぎたえこ》

（一九一九〜一九九四年）と結婚し、二人の娘をもうけた。

だが、戦後になってから、その愛は徐々に薄れていく。高杉は、芸能界からいったん引退し、家族の世話に専念していた。仕事第一の菊田とは、どうしても生活が疎遠になっていったのだ。

そんな時に菊田は、新たに愛する女性と出会う。それが、戦後に女優として大成した能勢《のせ》妙子《たえこ》（一九一五〜一九九九年）である。

能勢は、仕事の現場で疲れている菊田をいつも見ていて、何かと世話をしてくれた。菊田の感謝の気持ちは、いつしか愛に発展していった。

この頃、菊田は古関に、長い手紙を書いている。能勢に対する自らの愛を、切々とつづったものだ。

菊田は、古関にだけは「自分の本当の心」を正直に告白し、知ってもらいたかったのだ。古関は、その菊田の純粋さと一途さに、胸を打たれた。

世間的に見れば「劇作家と女優のスキャンダル」である。だが、古関は、そんな下卑《げび》た、あるいは通俗的な感想など、いっさい抱かなかった。ただただ、菊田の純粋さが、親友として愛しかった。

かつて、ラジオドラマの名作『鐘の鳴る丘』の放送が始まって一年半ほど経った時期、まさしく菊田は、この能勢との関係で悩んでいた。と言うのも、能勢もまた既婚者だったのだ。そして菊田は能勢の夫から、その関係について訴えられていたのである。

菊田のこうしたプライベートな悩みは、どうしても仕事に影響した。ただでさえ遅筆の菊田は、時には、放送ギリギリまで台本を現場に届けられないことさえあった。

スタッフがヤキモキしていると、そこへ菊田が飛び込んできて、その場で台本を書くという〝離れ業〟を、やってのける。この場合は、原稿用紙の下にカーボン紙を敷いて、出演者や関係者用に、一気に台本を仕上げるのである。

古関は音楽担当だから、オルガンの前に座ったまま台本を受け取る。ところが、そこに書かれていたのは、

「音楽は放送中、中断せずに演奏」

という一文だけ。つまりは、完全に古関に丸投げで、即興で伴奏を付けてくれ、という指示である。

これには、さすがの古関も驚き、あわてふためいた。それでも、放送は無情にもスタート。古関は、ストーリーに合わせてなんとかオルガンを弾き続け、放送はよ

うやく終了に漕ぎ着けた。

放送が終わるや、菊田は、

「やあ。さすがは古関さん。神業だったねぇ」

と、無邪気に大喜びの笑顔である。

「冗談じゃないよ。こんな無茶は、二度と御免だよ」

と、古関は苦笑いするしかない。

それでも古関は、菊田が大好きだったし、この無茶な指示が「菊田の自分に対する絶対の信頼ゆえ」ということが分かっていたから、菊田への恨みなどは、これっぽっちも持たなかった。

そして菊田の仕事に対する情熱が、プライベートな問題のために決して失われていなかったことが、古関には何よりも嬉しかった。

やがて、昭和二十六年（一九五一）にトラブルがようやく解消し、菊田はめでたく能勢妙子と結ばれる。菊田にとっては、三度目の結婚である。

だが、その二人の生活も、長くは続かなかった。やはり、個性の強い芸術家同士、何かとすれ違いが多く、平穏な生活とはならなかったのだ。

この点、自らの才能を〝封印〟して古関家の平穏な家庭を守り通した金子とは、対照的である。

やがて菊田は、またも新しい女優と恋に落ち、能勢との結婚を解消しないまま、その女優との同棲生活に入る。その後も菊田は、また別の若い女優と恋に落ちる。

菊田が、何人もの女性と結ばれ、破局する遍歴を繰り返したのは、やはり彼の仕事に対する情熱ゆえであろう。

毎日二十四時間が、菊田にとっては仕事だった。

企画の立案。台本の執筆。キャスティング。現場での演出。スタッフとの打ち合わせ……。菊田は、すべてを引き受けるのだ。わずかの合間も、彼の頭の中は、仕事のことでいっぱいだった。一つの仕事が終われば、すぐ次の仕事に取りかかる。それが楽しくて仕方がない。根っからの〝一〇〇パーセントの演劇人〟だったのだ。

だが、そんな男の家庭を支え切れる女性が、そうそういるわけはない。

菊田との別れ

菊田は、家庭ばかりか我が身さえも犠牲にし、文字どおり「身を削《けず》って」仕事に打ち込んだ。そして、当然のごとく健康を損《そこ》ねていった。

昭和四十八年（一九七三）三月。

「菊田さんが倒れた！」

演劇界に激震が走った。

古関もまた、この連絡を聞くや、ショックを受けた。

「やはり無理が祟《たた》ったんだ。菊田さん、どうして、もっと自分を大切にしなかったんだ」

その前年の暮れあたりから、菊田の身体がかなり悪くなっていたことは、演劇界でうわさになっていた。古関は、そのうわさを耳にするたびに、不安を募《つの》らせていた。

菊田は数年来、重度の糖尿病を患《わずら》っていた。精力的な仕事ぶりと引き換えに、彼の食生活のリズムは、かなり乱れていた。

我が国の近代で大きな業績をなした人物には、糖尿病が元となって亡くなった者が少なくない。教育者の津田梅子《つだうめこ》、経済人の五代友厚《ごだいともあつ》、作家の夏目漱石《なつめそうせき》……。

旺盛な仕事を支えるための旺盛な食生活が、まだまだ欧米人に比べて脆弱《ぜいじゃく》な肉体の日本人には、耐えられない。結果として糖尿病を招く。昭和に入っても、こうした傾向は大きく変わっていなかった。ましてや、明治四十一年（一九〇八）、明治末期に生まれた菊田は、明治の暮らしをしてきた人たちから一世代しか変わらないのだ。

菊田は、慶應義塾大学病院に入院した。古関はすぐに、見舞いに行った。看護婦に教えられて病室を見つけると、入り口で静かにノックをする。すると、

「どうぞ」

気品のある女性の声がした。

古関には、意外であった。確かに聞き覚えのある声である。しかし、

「今の菊田さんを看病してくれる女性が、いるのだろうか」

という疑問が湧いて出た。恋多き男で、女性遍歴の激しかった菊田の病床に寄り添ってくれる女性は、誰なのだろう。

「失礼します」

病室に入ると、そこにいた女性は、能勢妙子だった。

「まあ。古関さん。わざわざ、ありがとうございます」

能勢は、にこやかに挨拶した。その笑みには、何の取り繕いも感じられなかった。

「そうか。結局、菊田さんの側に来てくれたのは、やはり能勢さんだったのか」

菊田と能勢。いろいろとあった二人である。けれど、二人の愛は、やはり本物であった。

「能勢さん。ありがとうございます」

古関の口から思わず、能勢に対する感謝の言葉が出た。

「僕の大切な親友である菊田さんの側にいてくれて、ありがとう」

という気持ちが、素直に言葉となったのだ。

能勢は、その古関の想いをすぐに察した。

「いえ。とんでもない」

と、静かに答えてくれた。

かいがいしく菊田の世話をする能勢。それを、素直に受ける菊田。能勢は、菊田より七つ年下である。齢《よわい》六十前後の二人の男女が織りなす穏やかな光景。古関は、しばし、その病室の様子に見とれてしまった。

「菊田さん。良かったね」

古関は、言った。

病人に「良かったね」は、ちょっとおかしな挨拶だな、と古関は、この言葉が口を衝《つ》いた瞬間に思った。けれど、倒れた菊田の側に能勢がいてくれたことが、古関にとっても無上の喜びだったのだ。

「え……。あ、ああ。まあ大したことなくて、良かったよ」

菊田は、少し当惑気味に返事した。だが、その言葉の響きには、少し照れ隠しの含みが、感じられた。

菊田もまた、能勢が側にいてくれることに感謝していた。

「古関さん。まだ秘密だよ。今年の暮れに、オペラをやるつもりなんだ。ストーリーは詳しく話せないけど、舞台はインドなんだ。大作になるよ」

「そいつは、楽しみだね」

古関は、努めて明るく答えた。

菊田の容体が決して良くないことは、古関にも見て取れる。けれど、菊田の目は、いつものように輝いていた。

「それから、ミュージカルのアイディアも、たくさんあるんだ。とにかく元気になったら、ドシドシ仕事をやっていくよ。僕の舞台は、古関さんの音楽なしには考えられないからね。僕が退院したら、古関さん、君も忙しくなるよ。覚悟しておいてくれたまえよ」

菊田はベッドに横たわったまま、楽しげに話を続ける。衰弱のせいだろう。言葉は途切れ途切れである。そして、その言葉には、中身とは裏腹に、何か哀愁が感じられた。

古関は、強《し》いて悪く考えないようにした。

「お互い年だから、そうそう無理はできないよ。でも、今の僕なりにできる限りの協力をするから、菊田さんも、まずはしっかり養生しておくれよ」

「養生か……。僕が一番苦手なことだな」

菊田の冗談めかした答えに、古関と能勢は、少し声を上げて笑った。菊田も、つられて笑った。穏やかで暖かな空気に、初春の病室が包まれた。

「また来るよ」

古関は、笑顔で病室をあとにした。

それが、菊田との今生《こんじょう》の別れとなった。

同年、四月四日。

古関家の電話が、けたたましくベルを鳴らした。

「はい、古関でございます」

受話器を取った金子は、しばし無言のまま立ち尽くした。

「どうした。金子さん」

古関が、ただならぬ気配を察して、声をかける。

「菊田さんが……お亡くなりになりました」

「え」

夫婦とも、あとは言葉が出なかった。

菊田一夫、享年六十六。

直接の死因は、併発した脳卒中だった。

演劇界は、菊田の功績を称えて昭和五十年（一九七五）から「菊田一夫演劇賞」を設け、毎年、受賞式を行っている。

菊田を失って

菊田を失った古関の喪失感は、尋常ではなかった。

菊田は、古関の音楽を誰よりも愛する男だった。古関が多少自信のない曲を示しても、

「古関さん。良いよ、良いよ。これは良いよ」

と、絶賛した。それは、体裁や気遣いなどを全く感じさせない、心からの賞賛だった。

菊田は、あえて言うならば、「古関の音楽の最大の理解者」と呼ぶよりは「古関の音楽の最高のファン」であったろう。古関が書く楽譜ならば、何でも喜び、それを自ら作る舞台の最高のシーンで使いたがった。

創作家にとって、ファンほどありがたいものはない。ファンが、自分の創作物を喜び尊んでくれることは、創作家にとって「自らを神に認めてもらえる実感」に近いとさえ言える。

「ああ。私の作ったものは、確かに、この世に存在することを許されるものだ。確かに、誰かの役に立っているものだ」

とでも表すべき、心からの充実感である。

古関に、その充実感を誰よりも与え続けてくれたのが、菊田であった。古関は、菊田を失ったことで、作曲への意欲さえ失いかけていた。

「どんな曲を書いても、どうせもう菊田さんには聴いてもらえないんだ」

という想いが、まず心によぎる。すると、それでもう、五線譜に筆を走らせることさえ、億劫《おっくう》になってしまう。

菊田の亡くなる年の前年から、古関は、テレビ番組のレギュラー出演をしていた。

フジテレビ系列で日曜日の夜に放映されていた『オールスター家族対抗歌合戦』である。

文字どおり、芸能人や著名人が家族とともに出場して、歌声とパフォーマンスを競う。古関は、その審査員の中心人物として出演していたのだ。毎回の収録で審査員席に座り、優しくもシビアで、そして何より公平な審査をして、番組を盛り上げるのに一役買っていた。

司会は、萩本欽一《はぎもときんいち》だった。

メインの出場者こそ芸能人などであるものの、その家族となると素人《しろうと》である。萩本は、軽妙な語りと切れのある返しで、彼ら素人の個性を、最大限に引き出そうとする。それは、一見すると少々強引でさえある。が、その強引さが、かえって素人から「遠慮」や「照れ」をなくして、彼らを笑いの主役に仕立て上げる。

「うまいものだ」

古関は、そんな萩本の司会ぶりが好ましかった。コメディアンである萩本のテクニックのおかげで、一般の人々が、卑屈にもならず見栄も張らず、「自分を自分のままで観客を楽しませる」ことの喜びを味わっている。

そんな出演者たちの喜びが、審査員席に温かく伝わってくる。

大衆の笑い。

一般の人々の等身大の喜び。

萩本の目指すものは自分の音楽に近い、と古関は感じていた。

この番組の出演は、菊田を失った古関を、幾分か慰めてくれていた。そのことに、古関は素直に「ありがたい」と思った。

収録は、毎週土曜日であった。すべての収録が終わって家路に就くのは、夜も十時頃である。六十代の古関には、心身ともに疲れを感じさせる。

「でも、明日は日曜日だ」

そう思うと、古関は、テレビ局が用意してくれた車の中で、少しウキウキする。

日曜日には、たいてい息子の正裕が、家族を連れて遊びに来てくれる。正裕の娘である孫と戯《たわむ》れるのが、当時の古関にとっては、何よりも〝心の清涼剤〟であった。

かつて正裕に多大な期待を抱いていた金子は、正裕が音楽の道に進まず一社会人となり、家庭を持っても、正裕の暮らしに干渉したがった。

正裕は結婚後も、しばらくは実家で両親とともに暮らしていた。いわゆる「二世帯家庭」である。となると、当然、同じ屋根の下で暮らす正裕の妻と金子のあいだには、世間並みの「嫁姑の争い」が、持ち上がる。

ことに正裕の娘、つまり金子にとっての孫の教育方針については、二人の衝突が激しかった。

だが、やがて正裕は実家を出て独立し、定期的に実家に顔を出す生活スタイルに変えた。正裕のクールな仲介は、いつしか妻と母の仲を、適度な遠慮と親密さに調整していった。この点、正裕は、古関にとってありがたい「自慢の息子」であった。

ちなみに、古関のこの番組の出演は、昭和五十九年（一九八四）まで続く。司会の萩本が降板したのと同時に、古関も番組を降りた。

そんな穏やかな日々を過ごしつつも、古関は、作曲の情熱を取り戻せなかった。

「菊田さんは、もういない」

それだけが、そのことだけが、古関の作曲の喜びの大半を奪っていた。

古関は、密かに願っていた。

「菊田さんのように、僕の音楽を徹底的に愛してくれて、僕の音楽を使ってくれる人は、現れてくれないものだろうか」

と。

だが、それはかなわぬ夢だということも、古関は分かっている。菊田ほどに自分と〝一心同体〟になってくれる演劇人やプロデューサーがいるわけがない。

それほどに、菊田の存在は、古関にとっては「奇跡的」でさえあったのだ。

かくして菊田一夫亡きあとの古関裕而は、大きな仕事を残さなかった。

依頼があれば、短い曲は書く。だが、いずれもが大ヒットのない佳作であり、小品であった。

そして、昭和五十二年（一九七七）。

『津和野《つわの》慕情《ぼじょう》』の作曲を最後に、古関は歌謡曲の作曲から手を引く。

事実上の引退である。

だが、古関の名声は、その後も色あせることはなかった。

彼の歌碑が、さまざまな地に建立された。それらの除幕式に古関は招かれ、喜んで出席をした。

それが、作曲をやめた古関の、せめてもの「自分の音楽を愛してくれた人々」に対する恩返しだった。

とくに、昭和五十四年（一九七九）の母校「福島商業高校」において創立八十周年の記念として建てられた歌碑の除幕式には、感動もひとしおだった。

古関は、日本中から依頼を受け、三百校以上の校歌を作曲している。母校「福島商業」の校歌『福商青春歌』は、昭和五年（一九三〇）に作曲した（ちなみに同年、古関は同郷校である「福島高等商業学校」の校歌『世界の転機に』の作曲も手がけている）。歌詞を受け取るなり、わずか一時間で勇壮な曲を完成させたという。

戦後、福島商業高校は、新しい時代にふさわしい新校歌を作った。昭和三十二年（一九五七）のことである。その新校歌『若きこころ』もまた、古関が作曲した。

この曲の発表会の日、古関は「来賓席」には座らず、一同窓生として「同窓生席」に腰掛け、会の役員たちをあわてさせた。

「僕は、来賓なんかじゃない。福島商業の同窓生なんだ」

とんだ四十八歳の〝ダダっ子〟ぶりである。

だが、そんなエピソードにも、古関の純粋な人柄と母校愛が垣間見られ、微笑ましい。

さらに古関は後年、母校のために応援歌『福商青春歌』の作曲をした。昭和五十四年（一九七九）の歌碑の除幕式は、この歌のものである。

「これまで僕の曲は、いろいろな石に刻まれてきましたが、このたびの歌碑が、なんだか一番嬉しい気がします」

と、七十歳の古関は、顔にしわを寄せた笑顔で、喜んだという。

古関は、生涯にわたって母校への愛着を持ち続けていた。

金子との日々

菊田を失ってからの古関は、ただ淡々と、穏やかな日々を過ごしていた。

心に「老い」を感じ始めていた。

そんな古関を、金子はそのままに受け入れていた。

無理にでも古関を叱咤激励して作曲活動に復帰させるといった考えは、毛頭なかった。

金子にとっては、ただ古関が、朝に起きて食事をし、つれづれに昼を過ごし、暇に任せるまま金子と他愛のない会話を楽しみ、そして夜になれば床に就く。それだけで十分だった。

愛する夫が、静かに、けれど健康に日常を過ごしてくれている姿を見ているだけで、満足だった。

そこには、老いた夫婦の幸福な一つの形があった。

菊田がこの世を去った昭和四十八年(一九七三)の、よく晴れた夏の日。

菊田の百箇日も過ぎた頃。

古関、六十四歳。

金子、六十一歳。

「ねえ。あなた、覚えていらっしゃいます?」

金子はこの時期、好んで昔の思い出を話題に出した。けれど、戦中の辛かったことや、菊田のことは話題にしない。少しでも古関に暗い想いを呼び起こさせまいと、金子は心掛けていたのだ。

「私が、初めてあなたにお手紙を差し上げた頃のこと」

「なんだい。ずいぶんと昔の話だね」

庭の木々をとおる風が涼しさを与えてくれるリビング。二人はソファに腰掛けて、ゆったりと話を始めた。

「そんなことも、あったねえ。でも、くわしいことは忘れちまったな」

「それだけじゃないわ。あなた、あの時分には二十曲以上、私に曲をくださったのよ」

金子は、楽しげに笑った。古関は一瞬、驚きの表情を見せた。が、すぐにつられて笑みを浮かべた。

「うん。そんなことも、あったかも知れないね」

実際、古関は、作った曲を自分ではすぐに忘れてしまう。一つの仕事を成し遂げると、もうその仕事には何の未練も残さない。

現実に、他人が古関の作った歌を歌って、

「これは、先生の曲ですよね」

と問いかけても、

「さあ。そうでしょうか」

と、本気で悩むほどだ。

仕事に旺盛だった頃の古関は、一つの曲作りが終われば、すぐ次の仕事への意欲が湧いてくる。前の仕事を記憶にとどめておいては「頭の中のキャパシティ」がもったいないような気がするのだ。

なんとも「天才肌」なのだ。

古関のそんな性格をよく知っている金子は、それ以上のことは言わない。自分に捧げた曲を忘れていた古関を責めるような真似もしない。

金子は、古関の本当の理解者だった。

「あのヨーロッパ旅行も、楽しかったですわね」

金子がこう言うと、

「うん、うん！　それはよく覚えているよ！」

と、古関は、はしゃぐ子供のように得意満面で返事をした。

金子に曲を捧げた昔を忘れていたことが、バツが悪かったのだろう。古関にとっては「名誉挽回」の気分だった。

古関と金子は、昭和三十六年（一九六一）に、ヨーロッパから中東にかけて、旅行した。

古関も仕事のことを忘れて、ただ旅行を楽しみ、満喫した。そうすることが、仕事にいつも追われて家庭を任せっぱなしだった金子に対する、せめてもの〝恩返し〟のつもりだった。

もっとも、その旅行中も古関は、気になる音楽を耳にすれば、即座に持ち合わせていた五線譜に書き留めていた。そんな古関の様子をながめていた金子は、ただ黙って笑みを浮かべ、古関が満足のいくまで五線譜を埋めるのを待っていた。

「……そう言えば、菊田さんが」

意外にも、古関のほうから「菊田」の名を出した。

古関の顔は、何か切羽詰まった形相だった。金子には、その表情の意味が分からない。

「今まで、君には黙っていたんだけれど……」

古関は、長く胸に秘めていたものを思い切って吐き出すかのように、少し苦しげに、それでもはっきりした力強い声で、語り出した。

「暮れにオペラをやりたいって、言っていたんだ」

「まあ。そうですか」

金子は、古関の顔が少し曇《くも》ったのを、目敏《めざと》く見抜いた。古関の真意はよく分からなかったが、夫に辛い想いはさせたくない。金子は、この話題は、あまり引っ張りたくなかった。

だが、古関は、次の一言を、つぶやくように付け足した。

「僕はね、それを聞いた時、金子さんがその舞台に立っている姿を、すぐに想像したんだ」

「え、そうなんですか」

金子には、思いもよらないことだった。

何が意外かと言って、この年になってなお、自分のことを〝オペラ歌手としてこだわっていた〟古関の気持ちが、意外だったのだ。

「私なんか、すっかり声も出なくなりましたし、とても無理ですよ」

金子は、古関の思い詰めた顔を掻き消したくて、あえて笑って答えた。それに、本心から、今更歌うのは無理とも思っていた。

だが、古関は、

「そんなことはないよ。君の声は超一流だ。少しレッスンをすれば、すぐにまた、あの美しい声が復活するはずなんだ」

と、詰め寄るようにして言った。少々ムキになっているかのようでもあった。

前述したとおり、古関は確かに、かつて金子のためにオペラを三篇書いている。しかし、それはラジオ番組のものだ。

金子に、本格的なオペラの舞台を踏ませたい。

それは、古関の長年の夢であり、じつは、それ以上に古関にとって「罪の意識の産物」でもあった。

自分は、金子のオペラ歌手としての道を奪ってしまったのではないか——という想いが、心の隅にずっとある。

その想いが、この時、思わず口から飛び出したのだ。

けれど、金子は穏やかに答える。

「そうかも知れませんね。私も、本当に時々、舞台に立つ自分の姿を思い浮かべることもあります」

古関の心に衝撃が走った。

「やはり」

と思った。罪悪感に似た感情で、心がいっぱいになった。

「でもね……」

金子は、そんな古関の気持ちを察するかのように、静かに言葉を続けた。

「私は、オペラ歌手になる以上の人生を、手に入れたと思っているんです。大作曲家・古関裕而の妻になれた人生を」

古関は、無言だった。なんと答えてよいか、分からなかった。

「それにね」

金子は、あえてことさら弾んだ声で話を変えた。

「私は、もう一つの自分の夢は、チャッカリかなえましたよ」

金子は、いたずらっぽく笑う。

「あ」

古関は、すぐに思い当たった。

「『婦人文芸』だね」

古関にも、ようやく笑顔がもどった。

『婦人文芸』とは昭和三十年（一九五五）頃に、我が国の女性文化人が集まって発刊した雑誌である。

雑誌名は、もともと戦前の昭和十年（一九三五）に発刊された同名のものから、引き継いだ。エッセイ、詩、小説、シナリオなど、女性たちの筆による幅広い文芸ジャンルの作品が集められる。「日本女性」の意識、伝統美、信条、日常的な喜び、そして男性たちへの提言……などなど、女性ならではの文芸作品が掲載される雑誌だ。

金子は、昭和三十三年（一九五八）に、この『婦人文芸』に参加し始め、詩やエッセイを寄稿するようになった。

元来が、若い頃は声楽家とともに文筆家になることも夢見ていた金子である。その文筆作品は、いずれも優れたレベルのもので、のちには、周りから請われて『婦人文芸』の委員にも就いている。

「ええ。文章を書くことは、とても楽しいですよ。私は、紙とペンを使って歌を歌っているんです」

金子は、古関をいたわるように、優しく古関の手の上に自らの手を乗せた。

「だから、変に気をお遣いにならないで。私は、私のやりたいように人生を過ごしてきました。それもこれも、あなたのおかげです」

「うん。分かった」

古関は、心から救われた気がした。

「菊田と組んで金子の出演するオペラを作る」という〝かなわぬ夢〟から、少しだけ心が解放されたようだった。

「金子さんの詩は、本当にすばらしいよ。あの詩集は、とても良いものだよ」

古関が、子供がはしゃぐような弾んだ声で、言った。

『婦人文芸』に寄稿するようになってから、金子の〝眠っていた文才〟は花開いた。金子はさらに、昭和四十年（一九六五）に詩の同人誌『あいなめ』の同人となった。そして、ついに昭和四十四年（一九六九）、詩集『極光』を出版した。

「あら。でも」

　金子も、楽しげに語る。

「どうせ本を出すんでしたら、あなたの画集が先のほうが、よろしかったですね」

　金子の提案に、古関は不意を突かれたような、ビックリした顔をした。けれど、その次の瞬間には、ちょっと照れながらも、嬉しそうに微笑んだ。

「画集か……」

　古関は、絵を描くことが好きである。

　幼い頃、父のかける蓄音器から流れる音楽を聴きながら、思いつくままに絵を描いていた。座卓の上で、あるいは畳に寝そべって、安手の藁半紙《わらばんし》の上で、無心に手を動かし続けた。

　家族の顔。近所の風景。大好きな機関車……。そんなものを描いていた。

　そうした絵画の趣味は、年を経た今でも、ずっと続いている。

　仕事や取材で出かける時は、たいてい五線譜帳とともに、スケッチブックを持っていく。そして、空いた時間を見つけては、製図用の細いペンでスケッチをし、自宅に帰ってから、水彩絵の具で彩色する。

生活に余裕ができてから、古関は、上等の水彩絵の具を好んで買い集めるようになっていた。ほとんど贅沢をしない古関の、唯一の贅沢な趣味だった。

当人としては、金子には「内緒」のつもりであった。もっとも、金子はそれを分かっていて、知らんふりしていた。「内緒でこっそり高級絵の具や画材を買ってくる大作曲家」の姿が、なんとも可愛らしく、微笑ましく、そして愛しく思えたからである。

金子も、油絵が趣味の一つである。それだけに、絵画の審美眼にも優れている。古関の絵は、淡く上品な色づかいで、素人画ながら独特の優しさが醸《かも》し出された良作だと、常々評価していた。

「僕の絵も、考えてみれば、紙の上で奏でる『もう一つの音楽』だな。画集か……。出してみたいな」

子供っぽく目をキラキラと輝かせる夫の顔を見て、金子は少しおかしくなった。

古関の絵は、やはり「素人の域」を出ていない。世界的に評価される古関の曲とは、客観的な芸術性の高さにおいて、およそ比べモノにならない。

それでも、古関当人にとっては、我が創作物として、音楽と絵画は、互いに遜色がないのだ。

そんな古関の芸術に対する純粋な想いが、金子には尊く感じられると同時に、少し愉快だったのである。

なお、この年、昭和四十八年(一九七三)の九月。古関の画集は、家族の意向もあって実際に刊行されている。

タイトルは『風景の調べ』。

故郷・福島や、旅先のヨーロッパの景色など百五点が収められている。

今日「古関裕而記念館」(福島市)で購入できる。

金子との別れ

古関が歌謡曲から手を引いた昭和五十二年(一九七七)には、古関にとって忘れられない、すばらしい体験もあった。

その年の夏の「全国高等学校野球選手権大会」、あの甲子園大会の開会式に招待されたのだ。古関の作曲した大会の歌『栄冠は君に輝く』の制定三十周年を記念してのことだった。

曲のイメージ作りのため、あの大甲子園のマウンドに立った日のことを、古関は思い出していた。球児たちの溌溂とした姿に、古関は感無量だった。

さらに、この年の大会では、神様が古関に〃ご褒美〃をくれたのであろうか。なんと、古関の母校「福島商業」が県代表として出場し、しかも一回戦突破を果たしたのだ。

古関は、大甲子園にこだまする、自ら作曲した校歌『若きこころ』を耳にすることができたのである。

雲白き
吾妻の嶺より　なお高く
理想に燃ゆる　若きこころ
師の教え守りていざ励まむ　たゆみなく
ああ！　光りあり　福島商業高校！

「ああ。球児たちが、僕の後輩たちが、僕の作曲した歌を、この大舞台で歌ってくれている」

古関は、どんな有名な歌手に歌われるよりも、自らの曲が彼らに歌ってもらえることに、最高の喜びを感じ、涙を流しそうになった。

「若者の歌だ。これこそ、若者の曲だ」

――と。

そして、昭和五十四年（一九七九）。

前述した『福商青春歌』の歌碑の除幕式が執り行われた年。

この年は、古関にとって数多くの栄誉を得た年となった。

福島商業創立八十周年を記念して歌碑が建立されたのが、この年の二月。

三月には、「福島市名誉市民」の第一号に選出され、翌月には、その推戴《すいたい》式が福島市民会館で盛大に挙行された。

また、この年は、古関が長年の作曲活動の功績を称えられて「勲三等瑞宝章」を賜《たまわ》った年でもある。音楽界でも独自に古関の功績を称え、年末には「日本レコード大賞特別賞」を贈られた。

「良かったですわね、あなた」

金子は、我がことのように喜んだ。

しかし、金子の笑顔を見つめる古関の顔は、晴れていなかった。

「僕なんかのことより、君のほうは大丈夫なのかい」

金子は、乳ガンを患っていたのだ。

発覚したのは、じつは昭和五十一年（一九七六）である。

「なんだか、胸のしこりが、しつこくて……」

と、何気なくつぶやいた金子の言葉に驚いた古関は、

「すぐに、病院に行こう」

と、半ば強引に金子を引っ張っていった。

「乳ガンですね」

医者に告げられた古関は、頭の中が真っ白になった。

医療技術が日進月歩で進んでいる今日でこそ、ガンは決して「治らない病気」ではなくなりつつある。しかし、当時はガンと言えば「不治の病」も同然だった。けれど、当の金子は失望していなかった。

「大丈夫ですよ。治りますよ。いえ、治してみせます」

と、沈痛な面持ちの古関を、逆に慰めた。

古関もこの時は、金子の回復を信じていた。

いや。信じたかった。金子の元気な笑顔が、古関に勇気をくれていた。だからこそ、その翌年の夏の甲子園大会にも、憂いなく出かけられたのだ。

金子は、二度の手術を受けた。

入院生活をしていると、いつでも古関の側にはいられない。金子は入院を嫌がり、少し回復するや、多少の無理を承知で退院した。そして、古関との生活に戻った。

この年に挙行された古関の福島市名誉市民への進出を祝う推戴式にも、福島まで同行した。

だが、金子の身体は、もう限界だった。

年が明けて、昭和五十五年（一九八〇）。

金子は、自宅療養でほとんど寝たきりとなり、接客もままならないほどになっていた。

そして、初夏。

金子は、再び入院した。入院の初日、古関は、金子に付きっ切りであった。

「金子さん、金子さん。大丈夫だよね。うん、うん。大丈夫さ」

「はい、はい。大丈夫ですから、あなたこそ、きちんと家でお食事してくださいよ」

金子は、ベッドの上から古関を、子供をあやすように優しくねぎらう。

だが、ガンは金子の身体を確実にむしばんでいた。

この年の六月、古関の「作曲生活五十周年記念ショー」が、かつて東京・有楽町にあった日劇で華々しく開かれた。

けれど、入院中の金子は、出席できなかった。

金子は古関に頼んで、病室に、画材道具一式を持ち込んだ。

「元気になったら、私もあなたに負けない絵を描きますわ。楽しみにしていてちょうだい」

金子は、無理に笑顔を作ってみせる。しかし、身体の痛み、けだるさ、辛さは、側にいる古関には、手に取るように分かる。

「うん。そうだね」

と、答えるのが、やっとだった。

金子のガンは、すでに身体中に転移していたのだ。治る見込みは、ゼロだった。

最後には、ベッドから起きて歩くことさえ、全くできなくなっていた。

この時期、暗い病室のベッドに独り横たわり続けていた金子は、すでに覚悟を決めていた。

「悲しくない」と言えば、嘘になる。

「恐くない」と言えば、嘘になる。

けれど、戦火を越え、夫を支え、三人の子供を育てた。その人生に、何の未練があろう。

そして、七月二十三日。

古関金子、逝去。

享年六十八。

「あなたの曲の一番のファンは菊田さんだったんでしょうけれども、あなた自身の一番のファンは、私よ」

金子は最期に、ニコリと笑って、そう言い残した。

「金子さん。僕より先に逝《い》ってしまったんだね」

古関は独り、激しく涙を流した。

金子の葬儀は、大作曲家・古関裕而の妻にふさわしく、しめやかながらも盛大なものだった。親族はもとより多くの音楽関係者たちが続々と弔問に訪れ、古関の三人の子供たちは忙しく走り回って、弔問客の相手をした。そして、見事な葬儀を執り行った。

だが、古関にとっては、葬儀の規模などは、どうでもよかった。

ただ、金子がいなくなった、という事実を受けとめるだけで、心がはち切れんばかりだった。

「父さん。喪主の最後の挨拶を」

式のあいだ中、うつむき沈んでいた古関の背を、長男の正裕が静かに叩いた。

古関はただ、小さな声で、

「皆様。たいへんお世話になりました」

と、一言だけ述べた。

古関音楽よ、永遠に

菊田を失い、そして金子を失った古関は、前にも増して、ただ淡々と日々を送った。

昭和五十八年（一九八三）には、同郷の音楽人として良き友だった、歌手の伊藤久男も、歌手生活五十周年を目前にして、逝去した。享年七十二であった。

「みんな、先に逝ってしまうな」

古関は、金子のいない家に自分がいることが、なんだか不思議だった。奇妙だった。いや、自分の存在が、この世に「不釣り合い」な気さえしていた。

頼まれて、二曲ほど校歌を作曲した。しかし、自ら積極的に作曲の仕事に乗り出すことはしなかった。

古関の音楽は、すでに時代のものではなくなっていた。大半は「思い出のメロディ」として、昔のファンが口ずさむものになっていた。

ただ、そんな古関の曲が一曲だけ、まさしく「時代の寵児《ちょうじ》」として、日本中で歌われたことがある。

昭和六十年（一九八五）のことだ。

この年、プロ野球の阪神タイガースが、それまでの「弱小球団」の汚名を見事に吹き飛ばすような怒濤《どとう》の進撃を見せ、快勝に次ぐ快勝。ついには、ぶっちぎりで、二十一年ぶりのセ・リーグ優勝を果たす。

それればかりではない。日本シリーズでは、当時の絶対的王者だったパ・リーグの西武ライオンズまで破り、日本一の座に登り詰めた。

阪神タイガースは、俄然「全国区」の球団に躍り上がった。もともと地元のファン層には根強いものがあったが、日本中が、阪神タイガース・ブームで湧き上がり、騒然となった。

そして、その阪神タイガースの応援歌、通称『六甲おろし』こそ、かつて昭和十一年（一九三六）に古関が書いた曲『大阪タイガースの歌』だったことは、先に述べたとおりである。

この年、日本中にこの歌が鳴り響いた。マスコミは、この歌の作曲家として、七十六歳の古関のもとへ、しきりとインタビューに訪れた。何か〝感動的〟なエピソードを聞き出したかったのである。

けれど、古関の答えは決まって、

「さあ。そんな昔のことは忘れましたねえ」

の一言であり、あとは笑みを浮かべるだけだった。

生涯に作った曲、五千曲。そんな古関にとっては、この歌もまた、数ある曲のほんの一つにすぎなかったのだ。

そして、この頃から古関は、身体をすっかり弱めていた。心不全で入退院を繰り返す身となっていた。

「金子さん。僕も、もうすぐそっちに行くよ」

古関は、そう思って、ちょっと「フフ」と笑う。

「そうか。そっちには、菊田さんもいるんだったね。今度こそ、僕ら三人でオペラを作ろう」

まどろみながら、古関はそんなことを考える。それが、妙に嬉しい。

「僕は、場所を変えて、また新しい音楽を作るんだ」

古関は独り、小さくつぶやいた。


昭和六十三年（一九八八）、三月。

古関は脳梗塞を患い、聖マリアンナ医科大学病院に入院した。

この年の十一月には福島市が、市制八十周年を記念して、市内に「古関裕而記念館」をオープンした。だが、入院中の古関は当然、足を運べなかった。

「残念ですね。先生」

見舞いに来る福島市の関係者は、口を揃えてそう言い、古関を慰める。

「ええ。そうですね」

古関は、ベッドの上で相手に気遣うようにこう答える。が、本心では、それほど残念とも感じていなかった。

古関は、すでに死を覚悟していた。

「あちらの世界で、金子さんと菊田さんと、オペラを作るんだ」

その夢に、明るい光を感じていたのだ。

古関裕而は、やはり最期の最期まで、新たな曲を目指す作曲家であった。

昭和六十四年（一九八九）一月七日。昭和天皇、崩御。

昭和が終わった。

そして、その年、平成元年（一九八九）の八月十八日。

古関は、入院先でそのまま帰らぬ人となり、金子と菊田のもとへと旅立っていった。

享年八十。

葬儀では、古関が作曲した数ある校歌や応援歌の中でも、とくに親しまれ続けた早稲田大学の応援歌『紺碧の空』と、慶應義塾大学の応援歌『我ぞ覇者』が、両校の応援団によって力強く歌われた。

そして、古関を乗せた棺《ひつぎ》は、両校の応援団が差し掲げた校旗のあいだをくぐって、葬儀会場をあとにした。

数多くの参列者が、涙ながらにそれを見送った。

古関はきっと、あちらの世界でも作曲を続けているだろう。

けれど、それらを聴くことは、私たちにはできない。

私たちができるのは、ただ、古関がこちらの世に残してくれた五千の曲を、時折耳にし、口ずさみ、演奏して楽しみ、あるいは大声で肩を組んで歌うことだけである。

それで良いのだ。十分なのだ。

昭和の大作曲家・古関裕而が、私たちに残してくれたものは、それだけでも、あまりにも大きく、すばらしいものなのだから。

あとがき

古関裕而《こせきゆうじ》は、シャイな男であった。

晩年に出演していたテレビ番組の『オールスター家族対抗歌合戦』も、出演こそ楽しんでいたものの、放送そのものは観たがらなかった。毎週日曜日の放送時間になると、この時ばかりは自宅のベッドに横たわっていた病床の金子《きんこ》も楽しげにテレビの前に座り、番組を観ながらしきりと、

「一緒に観ましょうよ」

と古関に勧めた。だが古関は、

「いいよ、いいよ」

と手を振って、一瞥《いちべつ》するやテレビに背を向ける。挙げ句には、金子の制止も聞かず、他局の番組へとチャンネルを変えてしまう。

審査員として出演した番組での自らの審査に、後悔があったわけではない。ただ、自分の姿がテレビ画面に映っているのを観るのが気恥ずかしかったのだ。

古関は、万事にそんな調子であった。

自己顕示欲というものからとても遠い人で、世間から与えられた数々の栄誉を、心底から感謝の念を抱き受け取りながらも、それを自分の口から吹聴《ふいちょう》するような真似は決してしなかった。そういうことが、できない男だった。

古関の自伝『鐘よ鳴り響け』にしても、そうである。

もともとこの書は、かつて古関が金子に半ば強引に頼まれ、彼女の参加していた同人誌に一つのエッセイを寄せたところ、それがとても好評で、

「ぜひ自伝を」

と、某出版社から依頼され、断るのも義理を欠くので何気なく書き進めたのである。ところが、その出版社は自伝を出す前に倒産してしまい、古関がせっかく書き溜めた原稿は、いったん宙に浮いてしまった。たまたま後年、主婦の友社がその話を知り、

「ぜひ当社で」

ということになって、ようやく『鐘よ鳴り響け』は陽の目を見ることができたのだ。もっとも、古関当人は、是が非でも自伝を出したいとまでは思っていなかったようである。自己の足跡を書籍として残すことに、それほどの執着はなかった。

なにしろこの『鐘よ鳴り響け』では、古関が初めて世界に認められ彼の人生を決定づけたとも言える、舞踊組曲『竹取物語』の国際コンクール入選のエピソードには、いっさい触れていない。自伝としてふつうに考えればもっとも誇らしく力を入れて書くべき内容のはずなのに、一言半句も書いていないのだ。

さらには、それをきっかけとした金子との邂逅《かいこう》についても当然のように、くわしく触れることなく、二人のラブロマンスについても、まるで書いていない。

文面ではいきなり、

その年既に結婚していた私は、妻の金子と相談し、さっそく上京することに決めたのである。

といった一文だけでサラリと、作曲家デビューのくだりを示している。

シャイなのである。自慢めいた話や恋愛話などは、書けない男なのだ。

そんな古関は、自伝『鐘よ鳴り響け』の締め括りに、こんなことを書いている。

私は音楽をもって大上段に構えたことはない。使命感などと、そんな大それたも

のを振りかざしたこともない。好きだからこの道をまっすぐ歩いてきたのである。

半分は嘘である。

いや、古関当人としては〝本心のつもり〟で書いた言葉であろう。だが、作曲家として「人々を元気づけたい。人々を癒やしたい、喜ばせたい」という強い使命感が根底になければ、彼の曲が、これほどまでに私たちの心に優しく響くわけはない。

古関の音楽への愛は、それを聴く私たちに向けられた愛なのだ。きっと、私たちは古関の曲を、彼からの贈り物として、これからも大切にしていくことだろう。

なお、本書を執筆していた令和元年（二〇一九）の十月、未曾有《みぞう》の大きな台風が日本列島を縦断するようにして襲った。古関の故郷の福島でも、あの阿武隈川が大決壊し、大きな被害を受けた。天からその光景を見ていた古関もさぞかし辛かったことだろう。筆者としても犠牲になられた方々に心から哀悼《あいとう》の意を表する。

また、本書は、担当編集者であるＰＨＰ文庫出版部の中村悠志氏の企画による。中村氏は古関裕而の音楽に多大な興味をお持ちで、彼の評伝を筆者に託された。筆者としても古関の曲と人柄をずっと以前から好いていたので、喜んで本書の執筆を引き受けた。筆を擱《お》くにあたり、この機会をくださった中村氏に謝意を示したい。

令和二年（二〇二〇）小寒

長尾　剛

主な参考・引用文献、資料

『鐘よ鳴り響け―古関裕而自伝』古関裕而（主婦の友社）
『評伝 古関裕而』菊池清麿（彩流社）
『古関裕而 うた物語』齋藤秀隆（歴史春秋社）
『古関裕而―流行作曲家と激動の昭和』刑部芳則（中央公論新社）

（ホームページ）
・歌とトークの新感覚ライブユニット「喜多三（ＫＩＴＡＳＡＮ）」
http://www.usuyukisou.com/kitasan/
・福島民友新聞 みんゆうＮｅｔ 古関裕而～時代を超えたメロディー～
https://www.minyu-net.com/serial/koseki/

著者紹介

長尾 剛（ながお　たけし）

東京都生まれ。東洋大学大学院修了。作家。

主な著書として、『日本がわかる思想入門』（新潮OH！文庫）、『知のサムライたち』（光文社）、『手にとるように「おくの細道」がわかる本』『手にとるようにユング心理学がわかる本』（以上、かんき出版）、『話し言葉で読める「方丈記」』『孫子が話す 世界一わかりやすい「孫子の兵法」』『広岡浅子 気高き生涯』『大橋鎮《しず》子《こ》と花森安治《やすじ》 美しき日本人』（以上、ＰＨＰ文庫）などがある。

また、『漱石ゴシップ』（文春文庫）、『漱石学入門』（ごま書房）、『漱石の「ちょっといい言葉」』『あなたの知らない漱石こぼれ話』（以上、日本実業出版社）、『もう一度読む 夏目漱石』（双葉社）、『漱石復活』（アリアドネ企画）、『心が強くなる漱石の助言』（朝日ソノラマ）、『自分の心を高める　漱石の言葉』（ＰＨＰ研究所）、編著として『人生というもの』『漱石 ホラー傑作選』（以上、ＰＨＰ文庫）など、夏目漱石に関する編著書も多い。

本書は、書き下ろし作品です。

PHP文庫　古関裕而《こせきゆうじ》　応援歌《エール》の神様
激動の昭和を音楽で勇気づけた男

2020年2月18日　第1版第1刷
2020年8月4日　第1版第2刷

著者　長尾　剛
発行者　後藤淳一
発行所　株式会社PHP研究所
東京本部　〒135-8137　江東区豊洲5-6-52
PHP文庫出版部　☎03-3520-9617(編集)
普及部　☎03-3520-9630(販売)
京都本部　〒601-8411　京都市南区西九条北ノ内町11

PHP INTERFACE　https://www.php.co.jp/

制作協力
組版　株式会社PHPエディターズ・グループ

印刷所　株式会社光邦
製本所　東京美術紙工協業組合

ISBN978-4-569-76991-2
JASRAC出2000263-002

PHP文庫

渋沢栄一人生意気に感ず

〝士魂商才〟を貫いた明治経済界の巨人

童門冬二 著

資本主義の父・渋沢栄一。彼が人の道である「論語」と利益である「ソロバン」をいかに両立させ、会社を発展させたかを顕した長編小説。

PHP文庫

松下幸之助　経営の神様とよばれた男

北 康利 著

なぜ松下幸之助だけが「経営の神様」とよばれるのか？　その決断と行動の理念を、彼の人生を辿りつつ鮮やかに追体験できる傑作人物評伝。

PHP文庫

心のトリセツ「ユング心理学」がよくわかる本

長尾　剛　著

アドラーもすごいが、ユングもすごい！

心の病、コンプレックス、夢分析……人間の幸福を追求した「ユング心理学」を一番やさしく解説。

PHP文庫

話し言葉で読める「西郷南洲翁遺訓」

無事は有事のごとく、有事は無事のごとく

長尾　剛　著

理想の国家とは？　指導者が備えるべき資質とは？　国家観からリーダー論・税制まで、西郷隆盛が思い描いた「国のかたち」を現代語訳。

PHP文庫

近代日本を創った7人の女性

長尾 剛 著

津田梅子、下田歌子、岡本かの子……。朝ドラのヒロインに匹敵するほど魅力的な女性たちの劇的な半生を、感動的に描いた列伝評伝。

PHP文庫

大橋鎭子《しずこ》と花森安治《やすじ》 美しき日本人

長尾 剛 著

2016年春から放送の朝のドラマのモチーフとなった大橋鎭子と花森安治の評伝。国民的雑誌を生み出した二人を戦後史・民衆史から読み解く。

PHP文庫

広岡浅子 気高き生涯

明治日本を動かした女性実業家

長尾 剛 著

2015年秋から放送された朝の連続ドラマの主人公のモデルとなり、「明治の女傑」と称された広岡浅子。波乱に満ちたその生涯とは。